大师的境界
谈『生』论『死』

梁漱溟 胡适 季羡林 等著

国际文化出版公司

·北京·

图书在版编目（CIP）数据

大师的境界：谈"生"论"死"／梁漱溟等著．—北京：国际文化出版公司，2015.7
ISBN 978-7-5125-0791-3

Ⅰ．①大… Ⅱ．①梁… Ⅲ．①生命哲学—研究②死亡哲学—研究 Ⅳ．① B083 ② B086

中国版本图书馆 CIP 数据核字（2015）第 142026 号

大师的境界：谈"生"论"死"

作　　者	梁漱溟　胡　适　季羡林等
责任编辑	戴　婕
统筹监制	葛宏峰　张　坤
策划编辑	刘　毅　秦丽华
美术编辑	秦　宇
出版发行	国际文化出版公司
经　　销	国文润华文化传媒（北京）有限责任公司
印　　刷	阳谷毕升印务有限公司
开　　本	880 毫米 ×1230 毫米　　32 开 7.75 印张　　　　　　　　146 千字
版　　次	2015 年 7 月第 1 版 2020 年 1 月第 2 次印刷
书　　号	ISBN 978-7-5125-0791-3
定　　价	45.00 元

国际文化出版公司
北京朝阳区东土城路乙 9 号　　邮编：100013
总编室：（010）64271551　　传真：（010）64271578
销售热线：（010）64271187
传真：（010）64271187-800
E-mail：icpc@95777.sina.net
http：//www.sinoread.com

目录 CONTENTS

上编 谈"生"

人生的真相

人生的意义 / 梁漱溟　004

人生问题 / 胡适　010

生命的路 / 鲁迅　015

谈时间 / 梁实秋　017

不完满才是人生 / 季羡林　022

谈人生与我 / 朱光潜　026

人生的困惑

中年 / 梁实秋　034
谈摆脱 / 朱光潜　038
悲观 / 梁实秋　044
谈恐惧心理 / 朱光潜　046
论压力 / 季羡林　051

人生的境界

人生的境界 / 冯友兰　056
容忍 / 季羡林　060
三种人生态度 / 梁漱溟　063
大宇宙中谈博爱 / 胡适　067
谈谦虚 / 朱光潜　070

成功与命运

成功 / 季羡林　082
论命运 / 冯友兰　085
朝抵抗力最大的路径走 / 朱光潜　090
走运与倒霉 / 季羡林　100
谈乐天知命 / 梁漱溟　103

何谓幸福

轻轻地走与轻轻地来 / 史铁生　108
如何才能得到痛快的合理的生活 / 梁漱溟　114
闲暇 / 梁实秋　117
"慢慢走，欣赏啊！"——人生的艺术化 / 朱光潜　121
这也是生活 / 鲁迅　130

下编 论"死"

病

病 / 梁实秋　138
谈青年的心理病态 / 朱光潜　142
重病之时 / 史铁生　151

人生之最后

老年谈老 / 季羡林　156
退休 / 梁实秋　162
老而不僵 / 朱光潜　166
死后 / 鲁迅　168
人生之最后 / 弘一　173

关于死

死生 / 冯友兰　180
了生死 / 梁实秋　193
说死说活 / 史铁生　197

凭吊

墓碣文 / 鲁迅　208

给亡妇 / 朱自清　210

唁辞 / 周作人　216

我的祖母之死 / 徐志摩　220

上编

谈「生」

人生的真相

  时光不断地在流转，任谁也不能攀住它停留片刻。"逝者如斯夫，不舍昼夜！"我们每天撕一张日历，日历越来越薄，快要撕完的时候便不免瞿然以惊，惊的是又临岁晚，假使我们把几十册日历装为合订本，那便象征我们的全部的生命，我们一页一页的往下扯，该是什么样的滋味呢？"冬天一到，春天还会远吗？"可是你一共能看见几次冬尽春来呢？

——梁实秋

人生的意义[①] / 梁漱溟

> 人类为何能创造,其他的生物为何不能创造?那就是因为人类会用心思,而其他一切生物大都不会用心思。人生的意义就在他会用心思去创造;要是人类不用心思,便辜负了人生;不创造,便枉生了一世,所以我们要时时提醒自己,要用心思要创造。

(一)

人们常常爱问:人生有不有目的?有不有意义?不知同学们对于这一类的问题想过没有?如果想过,其答案为何?要是大家曾用过一番心思,我来讲这问题就比较容易了,你们就可以比

[①] 这是1942年12月梁漱溟在广西兴安初中的一次讲话。——编者注

较容易地了解我的话。

我以为人生不好说有目的，因为目的是后来才有的事。我们先要晓得什么叫做目的。比如，我们这次来兴安，是想看灵渠，如果我们到了兴安，而没有看到灵渠，那便可以说没有达到目的。要是目的意思，是如此的话，人生便无目的。乘车来兴安是手段，看灵渠是目的，如此目的手段分别开来，是人生行事所恒有。但一事虽可如此说，而整个人生则不能如此说。

整个宇宙是逐渐发展起来的。天，地，山，水，各种生物，形形色色慢慢展开，最后才有人类，有我。人之有生，正如万物一样是自然而生的。天雨，水流，莺飞，草长，都顺其自然，并无目的。我未曾知道，而已经有了我。此时再追问"人生果为何来？"或"我为何来？"已是晚了。倘经过一番思考，决定一个目的，亦算不得了。

以上是讲人生不好说有目的，是第一段。

（二）

人生虽不好说有目的，但未尝不可说人生有其意义。人生的意义在哪里？人生的意义在创造！

人生的意义在创造，是于人在万物中比较出来的。

宇宙是一大生命，从古到今不断创造，花样翻新造成千奇百样的大世界。这是从生物进化史到人类文化史一直演下来没有停的。但到现在代表宇宙大生命表现其创造精神的却只有人类，其余动植物界已经成了刻板的文章，不能前进。例如稻谷一年一熟或两熟，生出来，熟落去，年年如是，代代如是。又如鸟雀，老鸟生小鸟，小鸟的生活还和老鸟一般无二，不像是创造的文章，而像是刻板文章了。亦正和推磨的牛马一天到晚行走不息，但转来转去，终归是原来的地方，没有前进。

到今天还能代表宇宙大生命，不断创造，花样翻新的是人类；人类的创造表现在其生活上、文化上不断地进步。文化是人工的、人造的，不是自然的、本来的。

总之，是人运用他的心思来改造自然供其应用。而人群之间关系组织亦随有迁进。前一代传于后一代，后一代却每有新发明，不断照旧。前后积累，遂有今天政治经济文物制度之盛。今后还有我们不及见不及知的新文化新生活。

以此我们说人生意义在创造，宇宙大生命创造无已的趋势在动植物方面业已不见，现在全靠人类文化来表现了，是第二段。

（三）

人类为何能创造，其他的生物为何不能创造？那就是因为人类会用心思，而其他一切生物大都不会用心思。人生的意义就在他会用心思去创造；要是人类不用心思，便辜负了人生；不创造，便枉生了一世，所以我们要时时提醒自己，要用心思要创造。

什么是创造，什么是非创造，其间并无严整的界限。科学家一个新发明固然是创造，文学家一篇新作品固然是创造，其实一个小学生用心学习手工或造句作文，亦莫非创造。极而言之，人的一举一动一颦一笑亦莫不可有创造在内。不过创造有大有小，其价值有高有低。有的人富于创造性，有的则否。譬如灵渠是用了一番大的心思的结果，但小而言之，其间一念之动一手之劳亦都是创造。是不是创造，要看是否用了心思；用了心思，便是创造。

（四）

创造有两方面，一是表现于外面的，如灵渠便是一种很显著的创造。他如写字作画，政治事功，各种也是同样的创造。这方面的创造，我们可借用古人的话来名之为"成物"。还有一种是外面不大容易看得出来的，在一个人生命上的创造。比如一个人的明白通达或一个人的德行，其创造不表现在外面事物，而在本身生命。这一面的创造，我们也可以用古人的话来名之为"成己"。换言之，有的人是在外成就得多，有的人在内成就得多。

在内的成就如通达，灵巧，正大，光明，勇敢，等等说之不尽。但细讲起来，成物者，同时亦成己。如一本学术著作是成物，学问家的自身的智力学问即是成己；政治家的功业是成物，政治家的自身本领人格又是成己了。反之成己者同时亦成物。如一德行涵养好的人是成己，而其待人接物行事亦莫非成物。又一开明通达的人是成己，而其一句话说出来，无不明白透亮，正是成物了。

（五）

以下我们将结束这个讲演，顺带指出我们今日应当努力创造的方向。

首先要知道，我们生在一个什么时代。我们实生在一个特殊的时代，一个大变动的时代。就整个人类来说，是处在一个人类历史空前大转变的时代，也可以说是文化需要大改造的时代。而就中国一国来说，几千年的老文化，传到近百年来，因为西洋文化入侵，正叫我们几千年的老文化不得不改造。我们不能像其他时代的人那样，可以不用心思。因为我们这个时代，亟待改造；因为要改造，所以非用心思不可。也可以说非用心思去创造不可。我们要用心思替民族并替人类开出一个前途，创造一个新的文化。这一伟大的创造，是联合全国人共同来创造，不是各个人的小创造、小表现，乃至要联合全世界人共同来创造新世界。不是各自求一国的富强而止的那回旧事。

我们生在今日谁都推脱不了这责任。你们年轻的同学，责任更多。你们眼前的求学重在成己，末后却要重在成物。眼前不忙着有表现，却必要立志为民族为世界解决大问题，开辟新文化。这样方是合于宇宙大生命的创造精神，而实践了人生的意义。

作者简介

梁漱溟（1893—1988），生于北京，祖籍广西桂林。原名焕鼎，字寿铭，漱溟是他的笔名之一。中国近代著名思想家、教育家、社会改造活动家，现代新儒家的早期代表人物之一。1917年—1924年执教于北京大学哲学系。1930年—1937年，从事乡村建设运动。1938年—1947年，为谋求统一团结抗日与和平民主建国而奔走。其主要著作：《东西方文化及其哲学》《乡村建设理论》《中国文化要义》及《人心与人生》等。

人生问题[①]/胡适

> 一句好话可以影响无数人,一句坏话可以害死无数人。这就给我们一个人生标准,消极的我们不要害人,要懂得自己行为。积极的要使这社会增加一点好处,总要叫人家得我一点好处。再回来说,人生就算是做梦,也要做一个像样子的梦。

1903年,我只有十二岁,那年12月17日,有美国的莱特弟兄作第一次飞机试验,用很简单的机器试验成功,因此美国定12月17日为飞行节。12月17日正是我的生日,我觉得我同飞行有前世因缘。我在前十多年,曾在广西飞行过十二天,那时我作了一首《飞行小赞》,这算是关于飞行的很早的一首辞。诸位

---

① 本文为1948年8月12日胡适在北平空军司令部的演讲。——编者注

飞过大西洋、太平洋，我在民国三十年，在美国也飞过四万英里，这表示我同诸位不算很隔阂。

今天大家要我讲人生问题，这是诸位出的题目，我来交卷。这是很大的问题，让我先下定义，但是定义不是我的，而是思想界老前辈吴稚晖的。他说：人为万物之灵，怎么讲呢？第一，人能够用两只手做东西。第二，人的脑部比一切动物的都大，不但比哺乳动物大，并且比人的老祖宗猿猴的还要大。有这能做东西的两手和比一切动物都大的脑部，所以说人为万物之灵。

人生是什么？即是人在戏台上演戏，在唱戏。看戏有各种看法，即对人生的看法叫做人生观。但人生有什么意义呢？怎样算好戏？怎样算坏戏？我常想：人生意义就在我们怎样看人生。意义的大小浅深，全在我们怎样去用两手和脑部。人生很短，上寿不过百年，完全可用手脑做事的时候，不过几十年。有人说，人生是梦，是很短的梦。有人说，人生不过是肥皂泡。其实，就是最悲观的说法，也证实我上面所说人生的有没有意义全看我们对人生的看法。就算他是做梦吧，也要做一个热闹的，轰轰烈烈的好梦，不要做悲观的梦。既然辛辛苦苦的上台，就要好好的唱个好戏，唱个像样子的戏，不要跑龙套。

人生不是单独的，人是社会的动物，他能看见和想象他所看不到的东西，他有能看到上至数百万年下至子孙百代的能力。无论是过去、现在，或将来，人都逃不了人与人的关系。比如这一杯茶（讲演桌上放着一杯玻璃杯盛的茶）就包括多少人的贡献，这些人虽然看不见，但从种茶，挑选，用自来水，自来水又包括电力等等，这有多少人的贡献，这就可以看出社会的意义。我们的一举一动，也都有社会的意义，譬如我随便往地上吐口痰，经太阳晒干，风一吹起，如果我有痨病，风可以把病菌带给几个人至无数人。我今天讲的话，诸位也许有人不注意，也许有人认为没道理，也许说胡适之胡说，是瞎说八道，也许有人因我的话回去看看书，也许竟一生受此影响。一句话，一句格言，都能影响人。

我举一个极端的例子：两千五百年前，离尼泊尔不远地方，路上有一个乞丐死了，尸首正在腐烂。这时走来一位年轻的少爷叫 Gotama，后来就是释迦牟尼佛，这位少爷是生长于深宫中不知穷苦的，他一看到尸首，问这是什么？人说这是死。他说：噢！原来死是这样子，我们都不能不死吗？这位贵族少爷就回去想这问题，后来跑到森林中去想，想了几年，出来宣传他的学说，就是所谓佛学。

这尸身腐烂一件事，就有这么大的影响。飞机在莱特兄弟做试验时，是极简单的东西，经四十年的工夫，多少人聪明才智，才发展到今天。我们一举一动，一言一行，一点行为都可以有永远不能磨灭的影响。几年来的战争，都是由希特勒的一本《我的奋斗》闯的祸，这一本书害了多少人？反过来说，一句好话，也可以影响无数人，我讲一个故事：民国元年，有一个英国人到我们学堂讲话，讲的内容很荒谬，但他的 O 字的发音，同普通人不一样,是尖声的,这也影响到我的 O 字发音,许多我的学生又受到我的影响。在四十年前,有一天我到一外国人家去,出来时鞋带掉了,那外国人提醒了我,并告诉我系鞋带时,把结头底下转一弯就不会掉了,我记住了这句话,并又告诉许多人,如今这外国人是死了,但他这句话已发生不可磨灭的影响。

　　总而言之,从顶小的事情到顶大的像政治、经济、宗教等等,我们的一举一动都有不可磨灭的影响,尽管看不见,影响还是有。在孔夫子小时,有一位鲁国人说:人生有三不朽,即立德,立功,立言。立德就是最伟大的人格,像耶稣、孔子等。立功就是对社会有贡献。立言包括思想和文学,最伟大的思想和文学都是不朽的。但我们不要把这句话看得贵族化,要看得平民化,比如皮鞋打结不散、吐痰、O 的发音,都是不朽的。就是说:不但好的东西不朽,坏的东西也不朽,善不朽,恶亦不朽。一句好话可以影响无数人,一句坏话可以害死无数人。这就给我们一个人生标准,消极的我们不要害人,要懂得自己行为。积极的要使这社会增加一点好处,总要叫人家得我一点好处。再回来说,人生就算是做梦,也要做一个像样子的梦。宋朝的政治家王安石有一首诗,题目是《梦》,说:"知世如梦无所求,无所求心普定寂,还似梦中随梦境,成就河沙梦功德。"不要丢掉这梦,要好好去做!即算是唱戏,也要好好去唱。

作者简介

胡适（1891—1962），徽州绩溪人。原名嗣穈，学名洪骍，字希疆，后改名胡适，字适之，笔名天风、藏晖等。现代著名学者、诗人、历史学家、文学家、哲学家。曾任北京大学校长、台湾"中研院"院长、中华民国驻美大使等职。著有《白话文学史》《胡适文存》《尝试集》《中国哲学史大纲》等。

生命的路 / 鲁迅

> 生命不怕死,在死的面前笑着跳着,跨过了灭亡的人们向前进。什么是路?就是从没路的地方践踏出来的,从只有荆棘的地方开辟出来的。

想到人类的灭亡是一件大寂寞大悲哀的事;然而若干人们的灭亡,却并非寂寞悲哀的事。

生命的路是进步的,总是沿着无限的精神三角形的斜面向上走,什么都阻止他不得。

自然赋与人们的不调和还很多,人们自己萎缩堕落退步的也还很多,然而生命决不因此回头。无论什么黑暗来防范思潮,什么悲惨来袭击社会,什么罪恶来亵渎人道,人类的渴仰完全的潜力,总是踏了这些铁蒺藜向前进。

生命不怕死,在死的面前笑着跳着,跨过了灭亡的人们向前进。

什么是路？就是从没路的地方践踏出来的，从只有荆棘的地方开辟出来的。

以前早有路了，以后也该永远有路。

人类总不会寂寞，因为生命是进步的，是乐天的。

昨天，我对我的朋友 L 说，"一个人死了，在死者自身和他的眷属是悲惨的事，但在一村一镇的人看起来不算什么；就是一省一国一种……"

L 很不高兴，说，"这是 Nature（自然）的话，不是人们的话。你应该小心些。"

我想，他的话也不错。

作者简介

鲁迅（1881—1936），无产阶级文学家、思想家、革命家。原名周樟寿，后改名周树人。字豫亭，后改为豫才，浙江绍兴人。20 世纪中国的主要作家，中国现代小说、白话小说和近代文学的奠基人之一，新文化运动的领导人、左翼文化运动的支持者之一。代表作有《呐喊》《彷徨》《朝花夕拾》等。

谈时间 / 梁实秋

> 尘世耗用我们的时间太多了,夙兴夜寐,赚钱挥霍,把我们的精力都浪费掉了。

希腊哲学家 Diogenes 经常睡在一只瓦缸里,有一天亚历山大皇帝走去看他,以皇帝的惯用的口吻问他:"你对我有什么请求吗?"这位玩世不恭的哲人翻了翻白眼,答道:"我请求你走开一点,不要遮住我的阳光。"

这个家喻户晓的小故事,究竟涵义何在,恐怕见仁见智,各有不同的看法。我们通常总是觉得那位哲人视尊荣犹敝屣,富贵如浮云,虽然皇帝驾到,殊无异于等闲之辈,不但对他无所希冀,而且亦不必特别的假以颜色。可是约翰逊博士另有一种看法,他认为应该注意的是那阳光,阳光不是皇帝所能赐予的,所以请求他不要把他所不能赐予的夺了去。这个请求不能算奢，却是用意深刻。因此约翰逊博士由"光阴"悟到"时间"，时间也者虽然也是极为宝贵，而也是常常被人劫夺的。

"人生不满百"，大致是不错的。当然，老而不死的人，不是没有，不过期颐以上不是一般人所敢想望的。数十寒暑当中，睡眠去了很大一部分。苏东坡所谓"睡眠去其半"，稍嫌有一点夸张，大约三分之一总是有的。童蒙一段时期，说它是天真未凿也好，说它是昏昧无知也好，反正是浑浑噩噩，不知不觉；及至寿登耄耋，老悖聋瞀，甚至"佳丽当前，未能缱绻"，比死人多一口气，也没有多少生趣可言。掐头去尾，人生所余无几。就是这短暂的一生，时间亦不见得能由我们自己支配。约翰逊博士所抱怨的那些不速之客，动辄登门拜访，不管你正在怎样忙碌，他都觉得宾至如归，这种情形固然令人啼笑皆非，我觉得究竟不能算是怎样严重的"时间之贼"。他只是在我们有限的资本上抽取一点捐税而已。我们的时间之大宗的消耗，怕还是要由我们自己负责。

有人说："时间即生命。"也有人说："时间即金钱。"二说均是，因为有人根本认为金钱即生命。不过细想一下，有命斯有财，命之不存，财于何有？要钱不要命者，固然实繁有徒，但是舍财不舍命，仍然是较聪明的办法。所以《淮南子》说："圣人不贵尺之璧而重寸之阴，时难得而易失也。"我们幼时，谁没有作过"惜阴说"之类的课艺？可是谁又能趁早体会到时间之"难得而易失"？我小的时候，家里请了一位教师，书房桌上有一座钟，我和我姐姐常趁教师不注意的时候把时针往前拨快半个钟头，以便提早放学，后来被老师觉察了，他用朱笔在窗户纸上的太阳阴影划一痕记，作为放学的时刻，这才息了逃学的念头。

时光不断地在流转，任谁也不能攀住它停留片刻。"逝者如斯夫，不舍昼夜！"我们每天撕一张日历，日历越来越薄，快要撕完的时候便不免矍然以惊，惊的是又临岁晚，假使我们把几十册日历装为合订本，那便象征我们的全部的生命，我们一页一页的往下扯，该是什么样的滋味呢？"冬天一到,春天还会远吗？"可是你一共能看见几次冬尽春来呢？

不可挽住的就让它去罢！问题在，我们所能掌握的尚未逝去的时间，如何去打发它。梁任公先生最恶闻"消遣"二字，只有活得不耐烦的人才忍心去"杀时间"。他认为一个人要做的事太多，时间根本不够用，哪里还有时间可供消遣？不过打发时间的方法，亦人各不同，士各有志。乾隆皇帝下江南，看见运河上舟楫往来，熙熙攘攘，顾问左右："他们都在忙些什么？"和珅侍卫在侧，脱口而出："无非名利二字。"这答案相当正确，我们不可以人废言。不过三代以下唯恐其不好名，大概名利二字当中还是利的成分大些。"人为财死，鸟为食亡"。时间即金钱之说仍属不诬。诗人华兹华斯有句：

尘世耗用我们的时间太多了，夙兴夜寐，赚钱挥霍，把我们的精力都浪费掉了。

所以有人宁可遁迹山林，享受那清风明月，"侣鱼虾而友麋鹿"，过那高蹈隐逸的生活。诗人济慈宁愿长时间地守着一株花，看那花苞徐徐展瓣，以为那是人间至乐。嵇康在大树底下扬槌打铁，"浊酒一杯，弹琴一曲"；刘伶"止则操卮执觚，动则挈榼提壶"，一生中无思无虑其乐陶陶。这又是一种颇不寻常的方式。最彻底的超然的例子是《传灯录》所记载的："南泉师问陆宣曰：'大夫十二时中作么生？'陆曰：'寸丝不挂！'"寸丝不挂即是了无挂碍之谓，"本来无一物，何处惹尘埃？"这境界高超极了，可以说是"以天地为一朝，万期为须臾"，根本不发生什么时间问题。

人，诚如波斯诗人奥玛·海亚姆所说，来不知从何处来，去不知向何处去，来时并非本愿，去时亦未征得同意，稀里糊涂的在世间逗留一段时间。在此期间内，我们是以心为形役呢？还是立德立功立言以求不朽呢？还是参究生死直超三界呢？这大主意需要自己拿。

作者简介

梁实秋（1903—1987）原名梁治华，出生于北京。笔名子佳、秋郎、程淑等。中国著名的散文家、学者、文学批评家、翻译家，国内第一个研究莎士比亚的权威,曾与鲁迅等左翼作家笔战不断。一生留下了两千多万字的著作,其散文集创造了中国现代散文著作出版的最高纪录。代表作《莎士比亚全集》(译作)等。

不完满才是人生 / 季羡林

> "人人有一本难念的经"。所以我说"不完满才是人生"。这是一个"平凡的真理";但是真能了解其中的意义,对己对人都有好处。对己,可以不烦不躁;对人,可以互相谅解。

每个人都争取一个完满的人生。然而,自古及今,海内海外,一个百分之百完满的人生是没有的。所以我说,不完满才是人生。

关于这一点,古今的民间谚语,文人诗句,说到的很多很多。最常见的比如苏东坡的词:"人有悲欢离合,月有阴晴圆缺,此事古难全。"南宋方岳(根据吴小如先生考证)诗句:"不如意事常八九,可与人言无二三。"这都是我们时常引用的,脍炙人口的。类似的例子还能够举出成百上千来。

这种说法适用于一切人,旧社会的皇帝老爷子也包括在里面。他们君临天下,"率土之滨,莫非王臣",可以为所欲为,杀人灭族,小事一端,按理说,他们不应该有什么不如意的事。然而,实际上,王位继承,宫廷斗争,比民间残酷万倍。他们威仪俨然地坐在宝座上,如坐针毡。虽然捏造了"龙御上宾"这种神话,他们自己也并不相信。他们想方设法以求得长生不老,他们最怕"一旦魂断,宫车晚出"。连英主如汉武帝、唐太宗之辈也不能"免俗"。汉武帝造承露金盘,妄想饮仙露以长生;唐太宗服印度婆罗门的灵药,期望借此以不死。结果,事与愿违,仍然是"龙御上宾"呜呼哀哉了。

在这些皇帝手下的大臣们,"一人之下,万人之上",权力极大,骄纵恣肆,贪赃枉法,无所不至。在这一类人中,好东西大概极少,否则包公和海瑞等绝不会流芳千古,久垂宇宙了。可这些人到了皇帝跟前,只是一个奴才,常言道:伴君如伴虎,可见他们的日子并不好过。据说明朝的大臣上朝时在笏板上夹带一点鹤顶红,一旦皇恩浩荡,钦赐极刑,连忙用舌尖舔一点鹤顶红,立即涅槃,落得一个全尸。可见这一批人的日子也并不好过,谈不到什么完满的人生。

至于我辈平头老百姓,日子就更难过了。建国前后,不能说没有区别,可是一直到今天仍然是"不如意事常八九"。早晨在早市上被小贩"宰"了一刀;在公共汽车上被扒手割了包,踩了人一下,或者被人踩了一下,根本不会说"对不起"了,代之以对骂,或者甚至演出全武行。到了商店,难免买到假冒伪劣的商品,又得生一肚子气,谁能说,我们的人生多是完满的呢?

再说到我们这一批手无缚鸡之力的知识分子,在历史上一生中就难得过上几天好日子。只一个"考"字,就能让你谈"考"色变。"考"者,考试也。在旧社会科举时代,"千军万马过独木桥",要上进,只有科举一途,你只需读一读吴敬梓的《儒林外史》,就能淋漓尽致地了解到科举的情况。以周进和范进为代表的那一批举人进士,其窘态难道还不能让你胆战心惊,啼笑皆非吗?

现在我们运气好,得生于新社会中。然而那一个"考"字,宛如如来佛的手掌,你别想逃脱得了。幼儿园升小学,考;小学升初中,考;初中升高中,考;高中升大学,考;大学毕业想当硕士,考;硕士想当博士,考。考,考,考,变成烤,烤,烤;一直到知命之年,厄运仍然难免,现代知识分子落到这一张密而不漏的天网中,无所逃于天地之间,我们的人生还谈什么完满呢?

灾难并不限于知识分子,"人人有一本难念的经"。所以我说"不完满才是人生"。这是一个"平凡的真理";但是真能了解其中的意义,对己对人都有好处。对己,可以不烦不躁;对人,可以互相谅解。这会大大地有利于整个社会的安定团结。

作者简介

季羡林（1911—2009），山东临清人，东方学大师、语言学家、文学家、国学家、佛学家、史学家、教育家和社会活动家。早年留学国外，通英、德、梵、巴利文，能阅俄、法文，尤精于吐火罗文，其著作汇编成《季羡林文集》。

谈人生与我 / 朱光潜

> 人类比其他物类痛苦，就因为人类把自己看得比其他物类重要。人类中有一部分人比其余的人苦痛，就因为这一部分人把自己比其余的人看得重要……再比方生死，这又是多么简单的事，无量数人和无量数物都已生过来死过去了。一个小虫让车轮压死了，或者一朵鲜花让狂风吹落了，在虫和花自己都决不值得计较或留恋，而在人类则生老病死以后偏要加上一个苦字。这无非是因为人们希望造物主待他们自己应该比草木虫鱼特别优厚。

朋友：

我写了许多信，还没有郑重其事地谈到人生问题，这是一则因为这个问题实在谈滥了，一则也因为我看这个问题并不如一般人看得那样重要。在这最后一封信里我所以提出这个滥题来讨论者，并不是要说出什么一番大道理，不过把我自己平时几种对于人生的态度随便拿来做一次谈料。

我有两种看待人生的方法。在第一种方法里，我把我自己摆在前台，和世界一切人和物在一起玩把戏；在第二种方法里，我把我自己摆在后台，袖手看旁人在那儿装腔作势。

站在前台时，我把我自己看得和旁人一样，不但和旁人一样，并且和鸟兽虫鱼诸物也都一样。人类比其他物类痛苦，就因为人类把自己看得比其他物类重要。人类中有一部分人比其余的人苦痛，就因为这一部分人把自己比其余的人看得重要。比方穿衣吃饭是多么简单的事，然而在这个世界里居然成为一个极重要的问题，就因为有一部分人要亏人自肥。再比方生死，这又是多么简单的事，无量数人和无量数物都已生过来死过去了。一个小虫让车轮压死了，或者一朵鲜花让狂风吹落了，在虫和花自己都决不值得计较或留恋，而在人类则生老病死以后偏要加上一个苦字。这无非是因为人们希望造物主待他们自己应该比草木虫鱼特别优厚。

因为如此着想，我把自己看作草木虫鱼的侪辈，草木虫鱼在和风甘露中是那样活着，在炎暑寒冬中也还是那样活着。像庄子所说的，它们"诱然皆生，而不知其所以生；同焉皆得，而不知其所以得"。它们时而戾天跃渊，欣欣向荣，时而含葩敛翅，晏然蛰处，都顺着自然所赋予的那一副本性。它们决不计较生活应该是如何，决不追究生活是为着什么，也决不埋怨上天待它们特薄，把它们供人类宰割凌虐。在它们说，生活自身就是方法，生活自身也就是目的。

从草木虫鱼的生活，我觉得一个经验。我不在生活以外别求生活方式，不在生活以外别求生活目的。世间少我一个，多我一个，或者我时而幸运，时而受灾祸侵逼，我以为这都无伤天地之和。你如果问我，人们应该如何生活才好呢？我说，就顺着自然所给的本性生活着，像草木虫鱼一样。你如果问我，人们生活在这幻变无常的世相中究竟为着什么？我说，生活就是为着生活，别无其他目的。你如果向我埋怨天公说，人生是多少苦恼呵！我说，人们并非生在这个世界来享幸福的，所以那并不算奇怪。

这并不是一种颓废的人生观。你如果说我的话带有颓废的色彩，我请你在春天到百花齐放的园子里去，看看蝴蝶飞，听听鸟儿鸣，然后再回到十字街头，仔细瞧瞧人们的面孔，你看谁是活泼，谁是颓废？请你在冬天积雪凝寒的时候，看看雪压的松树，看看站在冰上的鸥和游在水中的鱼，然后再回头看看遇苦便叫的那"万物之灵"，你以为谁比较能耐苦持恒呢？

我拿人比禽兽，有人也许目为异端邪说。其实我如果要援引"经典"，称道孔孟以辩护我的见解，也并不是难事。孔子所谓"知命"，孟子所谓"尽性"，庄子所谓"齐物"，宋儒所谓"廓然大公，物来顺应"，和希腊廊下派哲学①，我都可以引申成一篇经义文，做我的护身符。然而我觉得这大可不必。我虽不把自己比旁人看得重要，我也不把自己看得比旁人分外低能，如果我的理由是理由，就不用仗先圣先贤的声威。

以上是我站在前台对于人生的态度。但是我平时很欢喜站在后台看人生。许多人把人生看作只有善恶分别的，所以他们的态度不是留恋，就是厌恶。我站在后台时把人和物也一律看待，我看西施、嫫母、秦桧、岳飞也和我看八哥、鹦鹉、甘草、黄连一样，我看匠人盖屋也和我看鸟鹊营巢、蚂蚁打洞一样，我看战争也和我看斗鸡一样，我看恋爱也和我看雄蜻蜓追雌蜻蜓一样。因此，是非善恶对我都无意义，我只觉得对着这些纷纭扰攘的人和物，好比看图画，好比看小说，件件都很有趣味。

这些有趣味的人和物之中自然也有一个分别。有些有趣味，是因为它们带有很浓厚的喜剧成分；有些有趣味，是因为它们带有很深刻的悲剧成分。

我有时看到人生的喜剧。前天遇见一个小外交官，他的上下巴都光光如也，和人说话时却常常用大拇指和食指在腮旁捻一捻，像有胡须似的。他们说这是官气，我看到这种举动比看诙谐画还更有趣味。许多年前一位同事常常很气忿地向人说："如果

---

① 廊下派哲学，斯多葛哲学学派（The Stoics）的别称，又译作斯多亚学派，因在雅典集会广场的廊苑（stoic）聚众讲学而得名，是希腊化时代一个有极大影响的思想派别，被认为是自然法理论的真正奠基者。——编者注

我是一个女子,我至少已接得一尺厚的求婚书了!"偏偏他不是女子,这已经是喜剧;何况他又麻又丑,纵然他幸而为女子,也决不会有求婚书的麻烦,而他却以此沾沾自喜,这总算得喜剧之喜剧了。这件事和英国文学家高尔斯密的一段逸事一样有趣。他有一次陪几个女子在荷兰某一个桥上散步,看见桥上行人个个都注意他同行的女子了,而没有一个睬他自己,便板起面孔很气忿地说:"哼,在别的地方也有人这样看我咧!"如此等类的事,我天天都见得着。在闲静寂寞的时候,我把这一类的小小事件从记忆中召回来,寻思玩味,觉得比抽烟饮茶还更有味。老实说,假如这个世界中没有曹雪芹所描写的刘姥姥,没有吴敬梓所描写的严贡生,没有莫里哀所描写的达杜夫和夏巴贡,生命更不值得留恋了。我感谢刘姥姥、严贡生一流人物,更甚于我感谢钱塘的潮和匡庐的瀑。

其次,人生的悲剧尤其能够使我惊心动魄;许多人因为人生多悲剧而悲观厌世,我却以为人生有价值正因其有悲剧。我在几年前做的《无言之美》里曾说明这个道理,现在引一段来:

"我们所居的世界是最完美的,就因为它是最不完美的。这话表面看去,不通已极。但是实含有至理。假如世界是完美的,人类所过的生活比好一点,是神仙的生活,比坏一点,就是猪的生活——便呆板单调已极,因为倘若件件事都尽美尽善了,自然没有希望发生,更没有努力奋斗的必要。人生最可乐的就是活动所生的感觉,就是奋斗成功而得的快慰。世界既完美,我们如何能尝创造成功的快慰？这个世界之所以美满，就在有缺陷，就在有希望的机会，有想象的田地。换句话说，世界有缺陷，可能性才大。"（见《民铎杂志》第五卷第五号）

这个道理李石岑先生在《一般》三卷三号所发表的《缺陷论》里也说得很透辟。悲剧也就是人生一种缺陷。它好比洪涛巨浪，令人在平凡中见出庄严，在黑暗中见出光彩。假如荆轲真正刺中秦始皇，林黛玉真正嫁了贾宝玉，也不过闹个平凡收场，哪得叫千载以后的人唏嘘赞叹？以李太白那样天才，偏要和江淹戏弄笔墨，做了一篇《反恨赋》，和《上韩荆州书》一样庸俗无味。毛声山评《琵琶记》，说他有意要做"补天石"传奇十种，把古今几件悲剧都改个快活收场，他没有实行，总算是一件幸事。人生本来要有悲剧才能算人生，你偏想把它一笔勾销，不说你勾销不去，就是勾销去了，人生反更索然寡趣。所以我无论站在前台或站在后台时，对于失败，对于罪孽，对于殃咎，都是一幅冷眼看待，都是用一个热心惊赞。

朋友，我感谢你费去宝贵的时光读我的这十二封信，如果你不厌倦，将来我也许常常和你通信闲谈，现在让我暂时告别罢！

　　　　写过十二封信给你的朋友，光潜。

作者简介

朱光潜（1897—1986），安徽省安庆市人。中国美学家、文艺理论家、教育家、翻译家。生前曾为北京大学一级教授、中国社会科学院学部委员，中国文学艺术界联合委员会委员，中国外国文学学会常务理事。

人生的困惑

　　生命途程上的歧路尽管千差万别，而实际上只有一条路可走，有所取必有所舍，这是自然的道理。世间有许多人站在歧路上只徘徊顾虑，既不肯有所舍，便不能有所取。世间也有许多人既走上这一条路，又念念不忘那一条路。结果也不免差误时光。

——朱光潜

中年 / 梁实秋

> 四十开始生活,不算晚,问题在"生活"二字如何诠释。

钟表上的时针是在慢慢的移动着的,移动的如此之慢,使你几乎不感觉到它的移动,人的年纪也是这样的,一年又一年,总有一天会蓦然一惊,已经到了中年,到这时候大概有两件事使你不能不注意。讣闻不断地来,有些性急的朋友已经先走一步,很煞风景,同时又会忽然觉得一大批一大批的青年小伙子在眼前出现,从前也不知是在什么地方藏着的,如今一齐在你眼前摇晃,磕头碰脑的尽是些昂然阔步满面春风的角色,都像是要去吃喜酒的样子。自己的伙伴一个个的都入蛰了,把世界交给了青年人,所谓"耳畔频闻故人死,眼前但见少年多",正是一般人中年的写照。

从前杂志背面常有"韦廉士红色补丸"的广告,画着一个憔悴的人，弓着身子，手揿在腰上，旁边注着"图中寓意"四字。那寓意对于青年人是相当深奥的。于是这幅图画却常在一般中年人的脑里涌现，虽然他不一定想吃"红色补丸"，那点寓意他是明白的了。一根黄松的柱子，都有弯曲倾斜的时候，何况是二十六块碎骨头拼凑成的一条脊椎？年轻人没有不好照镜子的，在店铺的大玻璃窗前照一下都是好的，总觉得大致上还有几分姿色。这顾影自怜的习惯逐渐消失，以至于有一天偶然揽镜，突然发现额上刻了横纹，那线条是显明而有力，像是吴道子的"莼菜描"，心想那是抬头纹，可是低头也还是那样。再一细看头顶上的头发有搬家到腮旁颔下的趋势，而最令人怵目惊心的是，鬓角上发现几根白发，这一惊非同小可，平夙一毛不拔的人到这时候也不免要狠心地把它拔去，拔毛连茹，头发根上还许带着一颗鲜亮的肉珠。但是没有用，岁月不饶人！

　　一般的女人到了中年，更着急。哪个年轻女子不是饱满丰润得像一颗牛奶葡萄，一弹就破的样子？哪个年轻女子不是玲珑矫健得像一只燕子，跳动得那么轻灵？到了中年，全变了。曲线都还存在，但满不是那么回事，该凹入的部分变成了凸出，该凸出的部分变成了凹入，牛奶葡萄要变成为金丝蜜枣，燕子要变鹌鹑。最暴露在外面的是一张脸，从"鱼尾"起皱纹撒出一面网，纵横辐辏，疏而不漏，把脸逐渐织成一幅铁路线最发达的地图，脸上的皱纹已经不是熨斗所能烫得平的，同时也不知怎么在皱纹之外还常常加上那么多的苍蝇屎。所以脂粉不可少。除非粪土之墙，没有不可圬的道理。在原有的一张脸上再罩上一张脸，本是最简便的事。不过在上妆之前下妆之后容易令人联想起聊斋志异的那一篇《画皮》而已。女人的肉好像最禁不起地心的吸力，一到中年便一齐松懈下来往下堆摊，成堆的肉挂在脸上，挂在腰边，挂在踝际。听说有许多西洋女子用擀面杖似的一根棒子早晚浑身乱搓，希望把浮肿的肉压得结实一点，又有些人干脆忌食脂肪忌食淀粉，扎紧裤带，活生生地把自己"饿"回青春去。有多少效果，我不知道。

别以为人到中年，就算完事。不。譬如登临，人到中年像是攀跻到了最高峰。回头看看，一串串的小伙子正在"头也不回呀汗也不揩"地往上爬。再仔细看看，路上有好多块绊脚石，曾把自己磕碰得鼻青脸肿，有好多处陷阱，使自己做了若干年的井底蛙。回想从前，自己做过扑灯蛾，惹火焚身，自己做过撞窗户纸的苍蝇，一心想奔光明，结果落在粘苍蝇的胶纸上！这种种景象的观察，只有站在最高峰上才有可能。向前看，前面是下坡路，好走得多。

施耐庵《水浒传·序》云："人生三十未娶，不应再娶；四十未仕，不应再仕。"其实"娶""仕"都是小事，不娶不仕也罢，只是这种说法有点中途弃权的意味，西谚云："人的生活在四十才开始。"好像四十以前，不过是几出配戏，好戏都在后面。我想这与健康有关。吃窝头米糕长大的人，拖到中年就算不易，生命力已经蒸发殆尽。这样的人焉能再娶？何必再仕？服

"维他赐保命"都嫌来不及了。我看见过一些得天独厚的男男女女，年轻的时候愣头愣脑的，浓眉大眼，生僵挺硬，像是一些又青又涩的毛桃子，上面还带着挺长的一层毛。他们是未经琢磨过的璞石。可是到了中年，他们变得润泽了，容光焕发，脚底下像是有了弹簧，一看就知道是内容充实的。他们的生活像是在饮窖藏多年的陈酿，浓而芳冽！对于他们，中年没有悲哀。

四十开始生活，不算晚，问题在"生活"二字如何诠释。如要年届不惑，再学习溜冰踢毽子放风筝，"偷闲学少年"，那自然有如秋行春令，有点勉强。半老徐娘，留着"刘海"，躲在茅房里穿高跟鞋当做踩高跷般的练习走路，那也是惨事。中年的妙趣，在于相当的认识人生，认识自己，从而做自己所能做的事，享受自己所能享受的生活。科班的童伶宜于唱全本的大武戏，中年的演员才能担得起大出的袖子戏，只因他到中年才能真懂得戏的内容。

谈摆脱 / 朱光潜

> "鱼我所欲也,熊掌亦我所欲也,二者不可得兼,舍鱼而取熊掌者也。"有这样果决,悲剧绝不会发生。悲剧之发生就在既不肯舍鱼,又不肯舍熊掌,只在那儿垂涎打算盘。

朋友:

近来研究黑格尔(Hegel)讨论悲剧的文章,有时拿他的学说来印证实际生活,颇觉欣然有会意。许久没有写信给你,现在就拿这点道理作谈料。

黑格尔对于古今悲剧,最推尊希腊索福克勒斯(Sophocles)的《安提戈涅》(Antigone)。安提戈涅的哥哥因为争王位,借重敌国的兵攻击他自己的祖国忒拜①,他在战场中被打死了。忒拜新王克瑞翁(Greon)悬令,如有人敢收葬他,便处死罪,因为他是一个国贼。安提戈涅很像中国的聂嫈②,毅然不避死刑,把她哥哥的尸骨收葬了。安提戈涅又是和克瑞翁的儿子海蒙(Haemon)订过婚的,她被绞以后,海蒙痛恨她,也自杀了。

黑格尔以为凡悲剧都生于两理想的冲突,而安提戈涅是最好的实例。就克瑞翁说,做国王的职责和做父亲的职责相冲突。就安提戈涅说,做国民的职责和做妹妹的职责相冲突。就海蒙说,做儿子的职责和做情人的职责相冲突。因此冲突,故三方面结果都是悲剧。

黑格尔只是论文学,其实推广一点说,人生又何尝不是一种理想的冲突场?不过实在界和舞台有一点不同,舞台上的悲剧生于冲突之得解决,而人生的悲剧则多生于冲突之不得解决。生命途程上的歧路尽管千差万别,而实际上只有一条路可走,有所取必有所舍,这是自然的道理。世间有许多人站在歧路上只徘徊顾虑,既不肯有所舍,便不能有所取。世间也有许多人既走上这

---

① 忒拜(Thebes),希腊语作锡韦(Thivai)。希腊中东部波奥蒂亚州主要城市、古希腊重要城市和强国之一。——编者注

② 聂嫈(ying),有记载为聂荣、聂蓉。生卒年不详,活动于战国时期,魏国轵(今河南省济源市东南)人。战国时期四大刺客之一聂政的姐姐。据《史记》记载,聂政刺杀宰相侠累后,自毁面容,自杀身亡。被韩相曝尸于市,千金悬赏。为了聂政的名声,聂嫈不顾性命危险前来认尸。因这样的义举,聂嫈姐弟的故事曾被编为古琴曲《广陵散》。——编者注

一条路，又念念不忘那一条路。结果也不免差误时光。"鱼我所欲也，熊掌亦我所欲也，二者不可得兼，舍鱼而取熊掌者也。"有这样果决，悲剧绝不会发生。悲剧之发生就在既不肯舍鱼，又不肯舍熊掌，只在那儿垂涎打算盘。这个道理我可举几个实例来说明：

"禾"是一个大学生，很好文学，而他那一班的功课有簿记、有法律，都是他所厌恶的。他每见到我便愁眉蹙额地说："真是无聊！天天只是预备考试！天天只是读这些没有意味的课本！"我告诉他："你既不欢喜那些东西，便把它们丢开就是了。"他说："既然花了家里的钱进学堂，总得要勉强敷衍考试才是。"我说："你要敷衍考试，就敷衍考试是了。"然而他天天嫌恶考试，天天又在那儿预备考试。

我有一个幼时的同学恋爱了一个女子。他的家庭极力阻止他。他每次来信都向我诉苦。我去信告诉他说："你既然爱她，便毅然不顾一切去爱她就是了。"他又说："家庭骨肉的恩爱就能够这样恝然置之吗？"我回复他说："事既不能两全，你便应该趁早疏绝她。"但是他到现在还是犹豫不知所可，还是照旧叫苦。

"禹"也是一个旧相识。他在衙门里充当一个小差事。他很能做文章，家里虽不丰裕，也还不至于没有饭吃。衙门里案牍和他的脾胃不很合，而且妨碍他著述。他时常觉得他的生活没有意味，和我谈心时，不是说："嗳，如果我不要就这个事，这本稿子久已写成了。"就是说："这事简直不是人干的，我回家陪妻子吃糙米饭去了！"像这样的话我也不知道听他说过多少回数，但是他还是依旧风雨无阻地去应卯。

这些朋友的毛病都不在"见不到"而在"摆脱不开"。"摆脱不开"便是人生悲剧的起源。畏首畏尾，徘徊歧路，心境既多苦痛，而事业也不能成就。许多人的生命都是这样模模糊糊地过去的。要免除这种人生悲剧，第一须要"摆脱得开"。消极说是"摆脱得开"，积极说便是"提得起"，便是"抓得住"。认定一个目标，便专心致志地向那里走，其余一切都置之度外，这是成功的秘诀，也是免除烦恼的秘诀。现在姑且举几个实例来说明我所谓"摆脱得开"。

释迦牟尼当太子时，乘车出游，看到生老病死的苦状，便恍然解悟人生虚幻，把慈父娇妻爱子和王位一齐抛开，深夜遁入深山，静坐菩提树下，冥心默想解脱人类罪苦的方法。这是古今第一个知道摆脱的人。其次如苏格拉底，如耶稣，如屈原，如文天祥，为保持人格而从容就死，能摆脱开一般人所摆脱不开的生活欲，也很可以廉顽立懦。再次如希腊第欧根尼提倡克欲哲学，除一个饮水的杯子和一个盘坐的桶子以外，身旁别无长物，一日见童子用手捧水喝，他便把饮水的杯子也掷碎。犹太斯宾诺莎学说与犹太教义不合，犹太教徒行贿不遂，把他驱逐出籍，他以后便专靠磨镜过活。他在当时是欧洲第一个大哲学家，海得尔堡大学请他去当哲学教授，他说："我还是磨我的镜子比较自由。"所以谢绝教授的位置。这是能为真理为学问摆脱一切的。卓文君逃开富家的安适,去陪司马相如当垆卖酒,是能为恋爱摆脱一切的。张翰在齐做大司马东曹掾,一天看见秋风乍起,想起吴中菰菜莼羹鲈鱼脍,立刻就弃官归里。陶渊明做彭泽令,不愿束带见督邮,向县吏说:"我岂能为五斗米折腰向乡里小儿!"立即解绶辞官。这是能摆脱禄位以行吾心所安的。英国小说家司各特早年颇致力于诗,后读拜伦著作,知道自己在诗的方面不能有大成就,便丢开音律专去做他的小说。这是能为某一种学问而摆脱开其他学问之引诱的。孟敏堕甑,不顾而去。郭林宗问他的缘故。他回答说:"甑已碎,顾之何益?"这是能摆脱过去失败的。

斯蒂文森论文,说文章之术在知遗漏(the art of omitting),其实不独文章如是,生活也要知所遗漏。我幼时,有一位最敬爱的国文教师看出我不知摆脱的毛病,尝在我的课卷后面加这样的批语:"长枪短戟,用各不同,但精其一,已足制胜,汝才有偏向,姑发展其所长,不必广心博骛也。"十年以来,说了许多废话,看了许多废书,做了许多不中用的事,走了许多没有目标的路,多尝试,少成功,回忆师训,殊觉赧然,冷眼观察,世间像我这样暗中摸索的人正亦不少。大节固不用说,请问街头那纷纷群众忙的为什么?为什么天天做明知其无聊的工作,说明知其无聊的话,和明知其无聊的朋友假意周旋?在我看来,这都由于"摆脱不开"。因为人人都"摆脱不开",所以生命便成了一幕最大的悲剧。

朋友,我写到这里,已超过寻常篇幅,把上面所写的翻看一过,觉得还没有把"摆脱"的道理说得透。我只谈到粗浅处,细微处让你自己暇时细心体会。

你的朋友孟实

悲观 / 梁实秋

> 人生即是由一串痛苦所构成。能避免一分的苦痛,即是一分的幸福。

悲观不是消极。所以自杀的人不是悲观,悲观主义者反对自杀。

悲观是从坏的一方面来观察一切事物,从坏的一方面着眼的意思。悲观主义者无时不料想事物的恶化,唯其如此,所以他最积极地生活,换言之,最不为虚幻的希望所误引入歧途,最努力地设法来对付这丑恶的现实。

叔本华说,幸福即是痛苦的避免。所谓痛苦是实在的,而幸福则是根本不存在的。痛苦不存在时之状态,无以名之,名之曰幸福。是故人生之目标,不在幸福之追求,而在痛苦之避免。人生即是由一串痛苦所构成。能避免一分的苦痛,即是一分的幸福。故悲观主义者待人接物，步步为营，不求有功，但求无过。这是悲观主义的真谛。

从坏处着想，大概可以十猜十中百猜百中；从好处着想，往往一次一失望十次十失望。所以乐观者天真可爱，而禁不住现实的接触，一接触就水泡一般地破灭。悲观者似乎未免自苦，而在现实中却能安身立命。所以自杀者是乐观的人，幸福者倒是悲观的人。

谈恐惧心理 / 朱光潜

> 恐惧的对象都是经过夸张放大的,在群众中这种夸张放大尤其一发不可收拾。群众是一个两面头的怪物,它可以壮声势也可以寒心胆,一个人怕,不算一回事;周围的人们都怕,那就真正可怕了。

最近这几个月中,人们都有大难临头的预感,骚动得特别厉害。一会儿大家纷纷抢购粮食,出比市价高几倍的价钱也在所不惜,仿佛以为不如此就有一天会饿死,像长春人民一样,一会儿大家又纷纷抛售衣物房屋,仿佛以为他们所居的地方危在旦夕,先捞几个现钱再说,到必要时可以逃到他们所想象的安全地带。平津人纷纷逃到京沪,京沪人纷纷逃到平津,像惊鼠似的东奔西窜,惹得交通格外拥挤,秩序格外紊乱。这种惊慌的情形可以从政治经济教育社会种种观点来看,在这里我想只把它当作一个心理学的课题来稍加分析。

一切惊慌恐惧都起于危险的感觉，而一切危险，分析到究竟，都是对于生命的威胁。贪生是人与一般动物的最强烈的本能。尽管一个生命如何渺小，如何苦痛，尽管它的主子有时对它如何咒骂，真正到它有丧失的危险时，它还是一种"食之无肉，弃之可惜"的鸡肋，它的主子拼命也要把握着不放。就是这种生命的执着引起对于威胁生命的危险情境生恐惧。一切恐惧到头来只不过是"怕死"。

可是一个人如果真正到了绝境，面前只有死路一条，无可避免，恐惧无补于事，他也就不会恐惧。牛羊到了屠场，知道一切都完了，心里冷了下来，也就定了下来。许多死囚很潇洒自在地上刑场，道理也是如此。引起恐惧的危险情境大抵不是绝境。从心理学观点看，恐惧情绪与逃避本能是分不开的，所以恐惧的对象是可逃避的，这逃避的可能在恐惧者的心中还是一线希望。希望本是恐惧的反面，可是二者常在"狼狈为奸"，缺了一个，另一个就不能行。临到一个险境好比站在一面剃刀锋上，倒东则活，倒西则死，望到倒东的可能便起希望，望到倒西的可能便起恐惧。所以贪生与怕死只是一件事的两面相。怕死，对于生就还没确绝望。

险境既然不是绝境，它就只有可能性而没有确定性。一个人当着险境，常是悬在虚空中，捉摸不定，把握不住，茫然不知所措，于是才感到恐惧。所以在恐惧心理状态中，理智难得清醒，知识总是模糊，情境在疑似之中，应付无果决之策，当其境者似有所知，又似无所知。如果毫无所知，他就会糊涂胆大，不知恐惧。"盲人骑瞎马，夜半临深池"，是一个典型的险境，但是盲人自己却若无其事。如果知道得清清楚楚，把握得住情境，也把握得住自己，他就应付有方，也不会恐惧。比如说生死问题，古今圣贤豪杰都不在这上面绞脑筋，因为他们"知命"，一切看透了，生和死都只是理所当然。再比如危险境界，像拿破仑那一类冒险家对之也无动于衷，因为他们明白那只是一个待解决的问题，而他们对于那问题的解决抱有坚强的自信。恐惧都表现为性格上的一种弱点，或是理智的欠缺，或是意志的薄弱。俗语说得好："心虚胆怯。"心不虚，胆就不怯。所谓"心虚"就是由于把握不住环境，因而把握不住自己。所以多疑者最易起恐惧，狐鼠是最好的例。

"疑心生暗鬼"，恐惧者由于知解的含糊和自信心的丧失，对于所恐惧的对象常用幻想把它加以夸张放大，望见风，就是雨，一两分的危险便夸张放大成为十二万分。往往所谓危险全是一种错觉，"风声鹤唳，草木皆兵"。我自己见过的一件事可以为证。约莫三十年前，我在武昌高师校读书。有一天正午，一百多同学正在饭厅里吃饭，猛然有几声枪声，顿时全饭厅里的人们都惊慌起来，有躲在饭桌下面的，有拿凳子顶在头上的，有乱窜乱叫的，有用拳头打破玻璃窗打得鲜血淋漓的。我当时没有注意到那响声，所以若无其事，能很清楚地观察到当场的人们的那种可怜可笑的神色。由那神色看来，他们仿佛以为那响声起于饭厅建筑本身，他们所恐惧的是那座旧房屋的倒塌，会使他们同归于尽。房屋当然并没有倒塌，而事后调查，那枪声的出发点距饭厅还有一里多路。这也许是一个极端的事例，不过许多引起惊慌恐惧的情境往往像这样是错觉所生的幻象，根本不存在，或者不如所想象的那么严重。

"恐惧的对象都是经过夸张放大的，在群众中这种夸张放大尤其一发不可收拾。群众是一个两面头的怪物，它可以壮声势也可以寒心胆，一个人怕，不算一回事；周围的人们都怕，那就真正可怕了。若是树上只有一只鸟，你放一声枪，它可能不理睬，纵然飞逃也是懒洋洋的。若是树上有一大群鸟，一声枪响就吓得它们惊叫乱窜。是鸟都飞散了，你从来不会发现有一只大胆的鸟敢留在那里。理由是很简单的。一只孤单的鸟在恐惧中见不到自己恐惧的神色，好比一个声音触不起回响，就不会放大。一大群鸟都恐惧时，每只鸟的恐惧神色都映在余鸟的眼帘里，于是每只鸟就由于同情的回荡，把所见到的许多鸟的恐惧都灌注到它自己的恐惧里去，汇众水于巨流。这是群众心理家们所说的模拟作用和暗示作用。很显然地这时候引起恐惧的并非当时危险情境本身，而是同类的恐惧的神色。不消说得，这种放大的恐惧要远超过当时危险情境本身所需要的。这可以说是群众的病态心理。一个群众到了染上这种病态时，就失去一切自制力与自信心，什么事也不会成功。俗语说，"兵败如山崩",就是这个道理。群众也有群众的错觉和幻想,当然也就可以把一个危险情境夸张放大,以讹传讹,往往把真实情况弄得牛头不对马嘴。由于这个缘故,谣言在一个恐慌的群众中特别占势力。

恐惧是一种情绪,根源在逃避本能。依一般心理学家说,凡是情绪和本能在生物进化上都有它们的功用,对于人和动物的生存都有裨益。关于恐惧,我就不免怀疑。恐惧的最常见的后果不外两种。一种是使当事者落到瘫痪状态。请看鼠见着猫或是小动物见着蛇,还没有被捕噬,就吓得不能动弹。有时猫还故意把捕得的鼠放去,任它逃而它却吓得不能逃。人也是如此,许多人在惊慌中最常见的反应是"仓皇失措",不知道怎么办,只好什么都不办。另一种是使当事者落到狂乱状态。应该逃开那危险的局面,他是知道的,可是怎样逃开,他却不知道,于是手慌脚忙,乱冲乱撞,结果往往闯出更大的祸事。许多避难的人并不死于枪林弹雨而死于拥挤践踏之类意外之灾。我颇疑心恐惧这种情绪在动物的原始阶段或许有它的用处,到了人类现阶段,它就有如盲肠,害多于利。因此,我很同情柏拉图,他认为"理想国"的公民应尽力拔除恐惧的情绪,同时,我也很向往中国先贤所提倡的雍容镇静和大无畏的精神。

论压力 / 季羡林

> 能做到遇事不嘀咕，就能排除自己造成的压力。

《参考消息》今年7月3日以半版的篇幅介绍了外国学者关于压力的说法。我也正考虑这个问题，因缘和合，不免唠叨上几句。

什么叫"压力"？上述文章中说："压力是精神与身体对内在与外在事件的生理与心理反应。"下面还列了几种特性，今略。我一向认为，定义这玩意儿，除在自然科学上可能确切外，在人文社会科学上则是办不到的。上述定义我看也就行了。

是不是每一个人都有压力呢？我认为，是的。我们常说，人生就是一场拼搏，没有压力，哪来的拼搏？佛家说，生、老、病、死、苦，苦也就是压力。过去的国王、皇帝，近代外国的独裁者，无法无天，为所欲为，看上去似乎一点压力都没有。然而他们却战战兢兢，时时如临大敌，担心边患，担心宫廷政变，担心被毒害被刺杀。他们是世界上最孤独的人，压力比任何人都大。大资本家钱太多了，担心股市升降，房地产价波动，等等。至于吾辈平民老百姓，"家家有一本难念的经"，这些都是压力，谁能躲得开呢？

压力是好事还是坏事？我认为是好事。从大处来看，现在全球环境污染、生态平衡破坏、臭氧层出洞、人口爆炸、新疾病丛生等等，人们感觉到了，这当然就是压力，然而压出来的是增强忧患意识，增强防范措施，这难道不是天大的好事吗？对一般人来说，法律和其他一切合理的规章制度，都是压力。然而这些压力何等好啊！没有它，社会将会陷入混乱，人类将无法生存。这个道理极其简单明了，一说就懂。我举自己做一个例子。我不是一个没有名利思想的人——我怀疑真有这种人，过去由于一些我曾经说过的原因，表面上看起来，我似乎是淡泊名利，其实那多半是假象。但是，到了今天，我已至望九之年，名利对我已经没有什么用，用不着再争名于朝、争利于市，这方面的压力没有了。但是却来了另一方面的压力，主要来自电台采访和报刊以及友人约写文章。这对我形成颇大的压力。以写文章而论，有的我实在不愿意写，可是碍于面子，不得不应。应就是压力。于是"拨冗"苦思，往往能写出有点新意的文章。对我来说，这就是压力的好处。

压力如何排除呢？粗略来分类，压力来源可能有两类：一被动，一主动。天灾人祸，意外事件，属于被动，这种压力，无法预测，只有泰然处之，切不可杞人忧天。主动的来源于自身，自己能有所作为。我的"三不主义"的第三条是"不嘀咕"，我认为，能做到遇事不嘀咕，就能排除自己造成的压力。

人生的境界

> 意识到人性的尊严而自尊，意识到自我的渺小而自谦，自尊与自谦合一，于是法天行健，自强不息，这就是《易经》所说的"谦尊而光，卑而不可逾"。
>
> ——朱光潜

人生的境界 /冯友兰

> 中国哲学总是倾向于强调,为了成为圣人,并不需要做不同于平常的事。他不可能表演奇迹,也不需要表演奇迹。他做的都只是平常人所做的事,但是由于有高度的觉解,他所做的事对于他就有不同的意义。

哲学的任务是什么?我曾提出,按照中国哲学的传统,它的任务不是增加关于实际的积极的知识,而是提高人的精神境界。在这里更清楚地解释一下这个话的意思,似乎是恰当的。

我在《新原人》一书中曾说,人与其他动物的不同,在于人做某事时,他了解他在做什么,并且自觉地在做。正是这种觉解,使他正在做的事对于他有了意义。他做各种事,有各种意义,各种意义合成一个整体,就构成他的人生境界。如此构成各人的人生境界,这是我的说法。不同的人可能做相同的事,但是各人的觉解程度不同，所做的事对于他们也就各有不同的意义。每个人各有自己的人生境界，与其他任何个人的都不完全相同。若是不管这些个人的差异，我们可以把各种不同的人生境界划分为四个等级。从最低的说起，它们是：自然境界，功利境界，道德境界，天地境界。

一个人做事，可能只是顺着他的本能或其社会的风俗习惯。就像小孩和原始人那样，他做他所做的事，然而并无觉解，或不甚觉解。这样，他所做的事，对于他就没有意义，或很少意义。他的人生境界，就是我所说的自然境界。

一个人可能意识到他自己，为自己而做各种事。这并不意味着他必然是不道德的人。他可以做些事，其后果有利于他人，其动机则是利己的。所以他所做的各种事，对于他，有功利的意义。他的人生境界，就是我所说的功利境界。

还有的人，可能了解到社会的存在，他是社会的一员。这个社会是一个整体，他是这个整体的一部分。有这种觉解，他就为社会的利益做各种事，或如儒家所说，他做事是为了"正其义不谋其利"。他真正是有道德的人，他所做的都是符合严格的道德意义的道德行为。他所做的各种事都有道德的意义。所以他的人生境界，是我所说的道德境界。

最后，一个人可能了解到超乎社会整体之上，还有一个更大的整体，即宇宙。他不仅是社会的一员，同时还是宇宙的一员。他是社会组织的公民，同时还是孟子所说的"天民"。有这种觉解，他就为宇宙的利益而做各种事。他了解他所做的事的意义，自觉他正在做他所做的事。这种觉解为他构成了最高的人生境界，就是我所说的天地境界。

这四种人生境界之中，自然境界、功利境界的人，是人现在就是的人；道德境界、天地境界的人，是人应该成为的人。前两者是自然的产物，后两者是精神的创造。自然境界最低，往上是功利境界，再往上是道德境界，最后是天地境界。它们之所以如此，是由于自然境界，几乎不需要觉解；功利境界、道德境界，需要较多的觉解；天地境界则需要最多的觉解。道德境界有道德价值，天地境界有超道德价值。

中国哲学的传统，哲学的任务是帮助人达到道德境界和天地境界，特别是达到天地境界。天地境界又可以叫做哲学境界，因为只有通过哲学，获得对宇宙的某些了解，才能达到天地境界。但是道德境界，也是哲学的产物。道德认为，并不单纯是遵循道德律的行为；有道德的人也不单纯是养成某些道德习惯的人。他行动和生活，都必须觉解其中的道德原理，哲学的任务正是给予他这种觉解。

生活于道德境界的人是贤人，生活于天地境界的人是圣人。哲学教人以怎样成为圣人的方法。我在第一章中指出，成为圣人就是达到人作为人的最高成就。这是哲学的崇高任务。

在《理想国》中，柏拉图说，哲学家必须从感觉世界的"洞穴"上升到理智世界。哲学家到了理智世界，也就是到了天地境界。可是天地境界的人，其最高成就，是自己与宇宙同一，而在这个同一中，他也就超越了理智。

中国哲学总是倾向于强调，为了成为圣人，并不需要做不同于平常的事。他不可能表演奇迹，也不需要表演奇迹。他做的都只是平常人所做的事，但是由于有高度的觉解，他所做的事对于他就有不同的意义。换句话说，他是在觉悟状态做他所做的事，别人是在无明状态做他们所做的事。禅宗有人说，觉字乃万妙之源。由觉产生的意义，构成了他的最高的人生境界。

所以中国的圣人是既入世而又出世的，中国的哲学也是既入世而又出世的。随着未来的科学进步，我相信，宗教及其教条和迷信，必将让位于科学；可是人的对于超越人世的渴望，必将由未来的哲学来满足。未来的哲学很可能是既入世而又出世的。在这方面，中国哲学可能有所贡献。

作者简介

冯友兰（1895—1990），河南南阳人，著名哲学家。历任中州大学（现河南大学）、广东大学、燕京大学教授，清华大学文学院院长兼哲学系主任，其哲学作品为中国哲学史的学科建设做出了重大贡献，被誉为"现代新儒家"。代表作有《中国哲学简史》《人生的境界》等。

容忍 / 季羡林

> 我在自己心中暗暗祝愿：容忍兮，归来！

人处在家庭和社会中，有时候恐怕需要讲点容忍的。

唐朝有一个姓张的大官，家庭和睦，美名远扬，一直传到了皇帝的耳中。皇帝赞美他治家有道，问他道在何处，他一气儿写了一百个"忍"字。这说得非常清楚：家庭中要互相容忍，才能和睦。这个故事非常有名。在旧社会，新年贴春联，只要门楣上写着"百忍家声"就知道这一家一定姓张。中国姓张的全以祖先的容忍为荣了。

但是容忍也并不容易。1935年，我乘西伯利亚铁路的火车经苏联赴德国，车过中苏边界上的满洲里，停车四小时，由苏联海关检查行李。这是无可厚非的，入国必须检查，这是世界公例。但是，当时的苏联大概认为，我们这一帮人，从一个资本主义国家到另一个资本主义国家,恐怕没有好人,必须严查,以防万一。检查其他行李,我决无意见。但是,在哈尔滨买的一把最粗糙的铁皮壶,却成了被检查的首要对象。这里敲敲,那里敲敲,薄薄的一层铁皮决藏不下一颗炸弹的,然而他却敲打不止。我真有点无法容忍,想要发火。我身旁有一位年老的老外,是与我们同车的,看到我的神态,在我耳旁悄悄地说了句:Patience is the great virtue(容忍是很大的美德)。我对他微笑,表示致谢。我立即心平气和,天下太平。

看来容忍确是一件好事,甚至是一种美德。但是,我认为,也必须有一个界限。我们到了德国以后,就碰到这个问题。旧时欧洲流行决斗之风,谁污辱了谁,特别是谁的女情人,被污辱者一定要提出决斗,或用手枪,或用剑。普希金就是在决斗中被枪打死的。我们到了的时候,此风已息,但仍发生。我们几个中国留学生相约:如果外国人污辱了我们自身,我们要揣度形势,主要要容忍,以东方的恕道克制自己。但是,如果他们侮辱我们的国家,则无论如何也要同他们玩儿命,决不容忍。这就是我们容忍的界限。幸亏这样的事情没有发生,否则我就活不到今天在这里舞笔弄墨了。

现在我们中国人的容忍水平,看了真让人气短。在公共汽车上,挤挤碰碰是常见的现象。如果碰了或者踩了别人,连忙说一声:"对不起!"就能够化干戈为玉帛。然而有不少人连"对不起"都不会说了，于是就相吵相骂，甚至于扭打，甚至打得头破血流。我们这个伟大的民族怎么竟变成了这个样子！我在自己心中暗暗祝愿：容忍兮，归来！

三种人生态度 / 梁漱溟

> 逐求是世俗的路，郑重是道德的路，而厌离则为宗教的路。

"人生态度"是指人日常生活的倾向而言，向深里讲，即入了哲学范围；向粗浅里说，也不难明白。依中国分法，将人生态度分为"出世"与"入世"两种，但我嫌其笼统，不如三分法较为详尽适中。我们仔细分析：人生态度之深浅、曲折、偏正……各式各种都有；而各时代、各民族、各社会，亦皆有其各种不同之精神，故欲求不笼统，而究难免于笼统。我们现在所用之三分法，亦不过是比较适中的办法而已。

按三分法，第一种人生态度，可用"逐求"二字以表示之。此意即谓人于现实生活中逐求不已，如，饮食、宴安、名誉、声、色、货、利等，一面受趣味引诱，一面受问题刺激，颠倒迷离于苦乐中，与其他生物亦无所异；此第一种人生态度（逐求），能够彻底做到家，发挥至最高点者，即为近代之西洋人。他们纯为向外用力，两眼直向前看，逐求于物质享受，其征服自然之威力实甚伟大，最值得令人拍掌称赞。他们并且能将此第一种人生态度理智化，使之成为一套理论——哲学。其可为代表者，是美国杜威之实验主义，他很能细密地寻求出学理的基础来。

第二种人生态度为"厌离"的人生态度。第一种人生态度为人对于物的问题。第三种人生态度为人对于人的问题，此则为人对于自己本身的问题。人与其他动物不同，其他动物全走本能道路，而人则走理智道路，其理智作用特别发达。其最特殊之点，即在回转头来反看自己，此为一切生物之所不于人者。当人转回头来冷静地观察其生活时，即感觉得人生太苦，一方面自己为饮食男女及一切欲望所纠缠，不能不有许多痛苦，而在另一方面，社会上又充满了无限的偏私、嫉忌、仇怨、计较，以及生离死别种种现象，更足使人感觉得人生太无意思。如是，乃产生一种厌离人世的人生态度。此态度为人人所同有。世俗之愚夫愚妇皆有此想，因愚夫愚妇亦能回头想，回头想时，便欲厌离。但此种人生态度虽为人人所同具，而所分别者即在程度上深浅之差，只看彻底不彻底，到家不到家而已。此种厌离的人生态度，为许多宗教之所由生。最能发挥到家者，厥为印度人。印度人最奇怪，其整个生活，完全为宗教生活。他们最彻底，最完全；其中最通透为佛家。

　　第三种人生态度,可以用"郑重"二字以表示之。郑重态度,又可分为两层来说:其一,为不反观自己时——向外用力;其二,为回头看自家时——向内用力。在未曾回头看而自然有的郑重态度,即儿童之天真烂漫的生活。儿童对其生活,有天然之郑重,与天然之不忽略,故谓之天真。真者真切,天者天然,即顺从其生命之自然流行也。于此处我特别提出儿童来说者,因我在此所用之"郑重"一词似太严重。其实并不严重。我之所谓"郑重",实即自觉地听其生命之自然流行,求其自然合理耳。"郑重"即是将全副精神照顾当下,如儿童之能将其生活放在当下,无前无后,一心一意,绝不知道回头反看,一味听从于生命之自然的发挥,几与向前逐求差不多少,但确有分别。此系言浅一层。

　　更深而言之,从反回头来看生活而郑重生活,这才是真正的发挥郑重。这条路发挥得最到家的,即为中国之儒家。此种人生态度亦甚简单,主要意义即是教人"自觉的尽力量去生活"。此话虽平常,但一切儒家之道理尽包含在内,如后来儒家之"寡欲""节欲""窒欲"等说,都是要人清楚地自觉地尽力于当下的生活。儒家最反对仰赖于外力之催逼与外边趣味之引诱往前度生活。引诱向前生活,为被动的、逐求的,而非为自觉自主的。儒家之所以排斥欲望,即以欲望为逐求的、非自觉的,不是尽力量去生活。此话可以包含一切道理,如"正心诚意""慎独""仁义""忠恕"等，都是以自己自觉的力量去生活。再如普通所谓"仁至义尽""心情俱到"等，亦皆此意。

　　此三种人生态度，每种态度皆有浅深。浅的厌离不能与深的逐求相比。逐求是世俗的路，郑重是道德的路，而厌离则为宗教的路。将此三者排列而为比较，当以逐求态度为较浅，以郑重与厌离两种态度相较，则郑重较难，从逐求态度进步转变到郑重态度自然也可能，但我觉得很不容易。普通都是由逐求态度折到厌离态度，从厌离态度再转入郑重态度，宋明之理学家大多如此，所谓出入儒释，都是经过厌离生活，然后重又归来尽力于当下之生活。即以我言，亦恰如此。在我十几岁时，极接近于实利主义，后转入于佛家，最后方归于儒家，厌离之情殊为深刻，由是转过来才能尽力于生活；否则便会落于逐求，落于假的尽力。故非心里极干净，无纤毫贪求之念，不能尽力生活。而真的尽力生活，又每在经过厌离之后。

大宇宙中谈博爱[①] / 胡适

> 我们要谈博爱,一定要换一观念。古时那种喂蚊割肉的博爱,等于开空头支票,毫无价值。现在的科学才能放大我们的眼光,促进我们的同情心,增加我们助人的能力。我们需要一种以科学为基础的博爱——一种实际的博爱。

"博爱"就是爱一切人。这题目范围很大。在未讨论以前,让我们先看一个问题:"我们的世界有多大?"

我的答复是:"很大!"我从前念《千字文》的时候,一开头便已念到这样的辞句:"天地玄黄,宇宙洪荒。"

宇宙是中国的字,和英文的意思差不多,都是抽象名词。

[①] 本文为1956年9月1日胡适在美国中西部留美同学夏令营大会上的演讲。——编者注

宇是空间（Space）即东南西北，宙是时间（Time）即古今旦暮。

《淮南子》说宇是上下四方，宙是古往今来。

宇宙就是天地，宙宇就是 Time-Space。古人能得"Universe"的观念实在不易，相当合于今日的科学。

但古人所见的空间很小，时间很短，现在的观念已扩大了许多。考古学探讨千万年的事，地质学、古生物学、天文学等等不断的发现，更将时间空间的观念扩大。

现在的看法：空间是无穷的大，时间是无穷的长。

古人只见到八大行星，二十年前只见九大行星。现在所谓的银河，是古代所未能想象得到的。以前觉得太阳很远，现在说起来算不得什么，因为比太阳远千万倍的东西多得很。

科学就这样地答复了"宇宙究竟有多大？"这个问题。

现在谈第二点：博爱。

在这个大世界里谈博爱，真是个大问题。

广义的爱，是世界各大宗教的最终目的。墨子可谓中国历史上最了不起的人，可说是宗教创立者（Founder of Reidri），他提出"兼爱"为他的理论中心。兼爱就是博爱，是爱无等差的爱。墨子理论和基督教教义有很多相合的地方，如"爱人如己""爱我们的仇敌"等。

佛教哲学本谓一切无常，我亦无常，"我"是"四大"（土、水、火、风）偶然结合而成的，是十分简单的东西，因此无所谓爱与恨——根本不值得爱，也不值得恨。但早期佛教亦有爱的意念在：我既无常，可牺牲以为人。

和尚爱众生，但是佛教不准自食其力，所以有人称之为"叫化"（乞丐）宗教。自己的饭亦须取之于人，何能博爱？

古时很多人为了"爱"，每次蹲坑（大便）的时候便想，想，大想一番，想到爱人。有些人则以身喂蚊，或以刀割肉，以自身所受的痛苦来显示他们对人的爱。这种爱的方法，只能做到牺牲自己，在现代的眼光看来，是可笑的。这种博爱给人的帮助十分有限，与现代的科学——工程、医学等所能给我们的"博爱"比起来，力量实在小得可怜。今日的科学增进了人类互助博爱的能力。就说最近意大利邮船遇难的事吧，短短的数小时内就救起千多人。近代交通、医学等的发达，减少了人类无数的痛苦。

我们要谈博爱，一定要换一观念。古时那种喂蚊割肉的博爱，等于开空头支票，毫无价值。现在的科学才能放大我们的眼光，促进我们的同情心，增加我们助人的能力。我们需要一种以科学为基础的博爱——一种实际的博爱。

孔子说："修己以敬，修己以安人，修己以安百姓。"修己就是把自己弄好。我们应当先把自己弄好，然后帮助别人；独善其身然后能兼善天下。同学们，现在我们读书的时候不要空谈高唱博爱；但应先努力学习，充实自己，到我们有充分能力的时候才谈博爱，仍不算迟。

谈谦虚 / 朱光潜

> 谷虚所以有容,水柔所以不毁。人的谦虚可以说是取法于谷和水,它的外表虽是空旷柔弱,而它的内在力量却极刚健。

说来说去,做人只有两桩难事,一是如何对付他人,一是如何对付自己。这归根还只是一件事,最难的事还是对付自己,因为知道如何对付自己,也就知道如何对付他人,处世还是立身的一端。

自己不易对付,因为对付自己的道理有一个模棱性,从一方面看,一个人不可无自尊心,不可无我,不可无人格。从另一方面看,他不可有妄自尊大心,不可执我,不可任私心成见支配。总之,他自视不宜太小,却又不宜太大,难处就在调剂安排,恰到好处。

自己不易对付，因为不容易认识，正如有力不能自举，有目不能自视。当局者迷，旁观者清。我们对于自己是天生的当局者而不是旁观者，我们自囿于"我"的小圈子，不能跳开"我"来看世界，来看"我"，没有透视所必需的距离，不能取正确观照所必需的冷静的客观态度，也就生成地执迷，认不清自己，只任私心、成见、虚荣、幻觉种种势力支配，把自己的真实面目弄得完全颠倒错乱。我们像蚕一样，作茧自缚，而这茧就是自己对于自己所错认出来的幻象。真正有自知之明的人实在不多见。"知人则哲"，自知或许是哲以上的事。"知道你自己"一句古训所以被称为希腊人最高智慧的结晶。

"知道你自己"，谈何容易！在日常自我估计中，道理总是自己的对，文章总是自己的好，品格也总是自己的高，小的优点放得特别大，大的弱点缩得特别小。人常"阿其所好"，而所好者就莫过于自己。自视高，旁人如果看得没有那么高，我们的自尊心就遭受了大打击，心中就结下深仇大恨。这种毛病在旁人，我们就马上看出；在自己，我们就熟视无睹。

希腊神话中有一个故事。一位美少年纳西司（Narcissus）自己羡慕自己的美，常伏在井栏上俯看水里自己的影子，愈看愈爱，就跳下去拥抱那影子，因此就落到井里淹死了。这寓言的意义很深永。我们都有几分"纳西司病"，常因爱看自己的影子堕入深井而不自知。照镜子本来是好事，我们对于不自知的人常加劝告："你去照照镜子看！"可是这种忠告是不聪明的，他看来看去，还是他自己的影子，像纳西司一样，他愈看愈自鸣得意，他的真正面目对于他自己也就愈模糊。他的最好的镜子是世界，是和他同类的人。他认清了世界，认清了人性，自然也就会认清自己，自知之明需要很深厚的学识经验。

德尔斐神谕宣示希腊说，苏格拉底是他们中间最大的哲人，而苏格拉底自己的解释是：他本来和旁人一样无知，旁人强不知以为知，他却明白自己的确无知，他比旁人高一招，就全在这一点。苏格拉底的话老是这样浅近而深刻，诙谐而严肃。他并非说客套的谦虚话，他真正了解人类知识的限度。"明白自己无知"是比得上苏格拉底的那样哲人才能达到的成就。有了这个认识，他不但认清了自己，多少也认清了宇宙。孔子也仿佛有这种认识。他说："吾有知乎哉，无知也。"他告诉门人："知之为知之，不知为不知，是知也。"所谓"不知之知"正是认识自己所看到的小天地之外还有无边世界。

这种认识就是真正的谦虚。谦虚并非故意自贬身价，做客套应酬，像虚伪者所常表现的假面孔；它是起于自知之明，知道自己所已知的比起世间所可知的非常渺小，未知世界随着已知世界扩大，愈前走发现天边愈远。他发现宇宙的无边无底，对之不能不起崇高雄伟之感，反观自己渺小，就不能不起谦虚之感。谦虚必起于自我渺小的意识，谦虚者的心目中必有一种为自己所不知不能的高不可攀的东西，老是要抬着头去望它。这东西可以是全体宇宙，可以是圣贤豪杰，也可以是一个崇高的理想。一个人必须见地高远，"知道天高地厚"才能真正地谦虚，不知道天高地厚的人就老是觉得自己伟大，海若未曾望洋，就以为"天下之美尽在己"。谦虚有它消极方面，就是自我渺小的意识；也有它积极方面，就是高远的瞻瞩与恢阔的胸襟。

看浅一点，谦虚是一种处世哲学。"人道恶盈而喜谦"，人本来没有可盈的时候，自以为盈，就无法再有所容纳，有所进益。谦虚是知不足，知不足然后能自强。一切自然节奏都是一起一伏。引弓欲张先弛，升高欲跳先蹲，谦虚是进取向上的准备。老子譬道，常用谷和水。"谷神不死""旷兮其若谷""上善若水""天下莫柔弱于水而攻坚强者莫之能胜"。谷虚所以有容，水柔所以不毁。人的谦虚可以说是取法于谷和水，它的外表虽是空旷柔弱，而它的内在力量却极刚健。大易的谦卦六爻皆吉。作易的人最深知谦的力量，所以说，"谦尊而光，卑而不可逾。"道家与儒家在这一点认识上是完全相同的。这道理好比打太极拳，极力求绵软柔缓，可是"四两拨千斤"，极强悍的力士在这轻推慢挽之前可以望风披靡。古希腊的悲剧作者大半是了解这个道理的，悲剧中的主角往往以极端的倔强态度和不可以倔强胜的自然力量（希腊人所谓神的力量）搏斗，到收场时一律被摧毁，悲剧的作者拿这些教训在观众心中引起所谓"退让"（resignation）情绪，使人恍然大悟在自然大力之前，人是非常渺小的，人应该降下他的骄傲心，顺从或接收不可抵制的自然安排。这思想在后来耶稣教中也很占势力。近代科学主张"以顺从自然去征服自然",道理也是如此。

看深一点,谦虚是一种宗教情绪。这道理在上文所说的希腊悲剧中已约略可见。宗教都有一个被崇拜的崇高的对象,我们向外所呈献给被崇拜的对象的是虔敬,向内所对待自己的是谦虚。虔敬和谦虚是宗教情绪的两方面,内外相应相成。这种情绪和美感经验中的"崇高意识"(sense of the sublime)以及一般人的英雄崇拜心理是相同的。我们突然间发现对象无限伟大,无形中自觉此身渺小,于是栗然生畏,肃然起敬;但是惊心动魄之余,就继以心领神会,物我交融,不知不觉中把自己也提升到那同样伟大的境界。对自然界的壮观如此,对伟大的英雄如此,对理想中所悬的全知全能的神或尽善尽美的境界也是如此。在这种心境中,我们同时感到自我的渺小和人性的尊严,自卑和自尊打成一片。

我们姑拿两首人人皆知的诗来说明这个道理。一是陈子昂的"前不见古人,后不见来者,念天地之悠悠,独怆然而涕下",一是杜甫的"侧身天地常怀古,独立苍茫自咏诗"。我们试玩味两诗所表现的心境。在这种际会,作者是觉得上天下地,唯我独尊,因而踌躇满意呢?还是四顾茫茫,发现此身渺小而怅然若有所失呢!这两种心境在表面上是相反的,而在实际上却并行不悖,形成哲学家们所说的"相反者之同一"。在这种际会,骄傲和谦虚都失去了它们的寻常意义,我们骄傲到超出骄傲,谦虚到泯没谦虚。我们对庄严的世相呈献虔敬,对蕴藏人性的

"我"也呈献虔敬。

有这种情绪的人才能了解宗教,释迦和耶稣都富于这种情绪,他们极端自尊也极端谦虚。他们知道自尊必从谦虚做起,所以立教特重谦虚。佛家的大戒是"我执""我慢"。佛家的哲学精义在"破我执"。佛徒在最初时期都须以行乞维持生活,所以叫作"比丘"。行乞是最好的谦虚训练。耶稣常溷身下层阶级,一再告诫门徒说:"凡自己谦卑像这小孩的,他在天国里就是最大的,""你们中间谁为大,谁就要做你们的佣人,自高的必降为卑,自卑的必升为高"。这教训在中世纪产生影响极大,许多僧侣都操贱役,过极刻苦的生活,去实现谦卑(humiliation)的理想,圣佛兰西斯是一个很美的例证。

耶佛和其他宗教都有膜拜的典礼,它的意义深可玩味。在只是虚文时,它似很可鄙笑;在出于至诚时,它却是虔敬和谦虚的表现,人类可敬的动作就莫过于此。人难得弯下这个腰杆,屈下这双膝盖,低下这颗骄傲的心,在真正可尊敬者的面前"五体投地"。有一次我去一个法会听经,看见皈依的信士们进来时恭恭敬敬地磕一个头,出去时又恭恭敬敬地磕一个头。我很受感动,也觉得有些尴尬。我所深感惭愧的倒不是人家都磕头而我不磕头,而是我的衷心从来没有感觉到有磕头的需要。我虽是愚昧,却明白这足见性分的浅薄。我或是没有脱离"无明",没有发现一种东西叫我敬仰到须向它膜拜的程度;或是没有脱离"我慢",虽然发现了可膜拜者而仍以膜拜为耻辱。

"我慢"就是骄傲，骄傲是自尊情操的误用。人不可没有自尊情操，有自尊情操才能知耻，才能有所谓荣誉意识（sense of honour），才能有所为有所不为，也才能奋发向上。孔子说"知耻近乎勇"，和《学记》的"知不足然后能自强"，《易经》的"谦尊而光，卑而不可逾"两句名言意义骨子里相同。近代心理学家阿德勒（Adler）把这个道理发挥得最透辟，依他看，我们有自尊心，不甘居下流，所以发现了自己的缺陷，就引以为耻，在心理形成所谓"卑劣结"（inferiority complex），同时激起所谓"男性的抗议"（masculine protest），要努力弥补缺陷，消除卑劣，来显出自己的尊严。努力的结果往往不但弥补缺陷，而且所达到的成就反比本来没有缺陷的更优越。希腊的德摩斯梯尼斯本来口吃，不甘心受这缺陷的限制，发愤练习演说，于是成为最大的演说家，中国孙子因膑足而成兵法，左丘明因失明而成《国语》，司马迁因受宫刑而作《史记》，道理也是如此。阿德勒所谓"卑劣结"其实就是谦虚、"知耻"或"知不足"，他的"男性抗议"就是"自强""近乎勇"或"卑而不可逾"。从这个解释，我们也可以看出谦虚与自尊心不但并不相反，而且是息息相通。真正有自尊心者才能谦虚，也才能发奋为雄。"尧，人也，舜，人也，有为者亦若是"，在做这种打算时，我们一方面自觉不如尧舜，那就是谦虚，一方面自觉应该如尧舜，那就是自尊。

骄傲是自尊情操的误用，是虚荣心得到廉价的满足。虚荣心和幻觉相连，有自尊而无自知。它本来起于社会本能——要见好于人；同时也带有反社会的倾向，要把人压倒，它的动机在好胜而不在向上，在显出自己的荣耀而不在理想的追寻。虚荣加上幻觉，于是在人我比较中，我们比得胜固然自骄其胜，比不胜也仿佛自以为胜，或是丢开定下来的标准，另寻自己的胜处。我们常暗地盘算：你比我能干，可是我比你有学问；你干的那一行容易，地位低，不重要，我干的才是真正了不起的事业；你的成就固然不差，可是如果我有你的地位和机会，我的成就一定比你更好。总之，我们常把眼睛瞟着四周的人，心里做一个结论："我比你强一点！"于是竖起大拇指，洋洋自得，并且期望旁人都甘拜下风，这就是骄傲。人之骄傲，谁不如我？我以压倒你为快，你也以压倒我为快。无论谁压倒谁，妒忌、愤恨、争斗以及它们所附带的损害和苦恼都在所不免。人与人，集团与集团，国家与国家，中间许多灾祸都是这样酿成的。"礼至而民不争"，礼之端就是辞让，也就是谦虚。

欢喜比照人己而求己比人强的人大半心地窄狭，谩世傲物的人要归到这一类。他们昂头俯视一切，视一切为"卑卑不足道"，"望望然去之"。阮籍能为青白眼，古今传为美谈。这种谩世傲物的态度在中国向来颇受人重视。从庄子的"让王"类寓言起，经过魏晋清谈，以至后世对于狂士和隐士的崇拜，都可以表现这种态度的普遍。这仍是骄傲在作祟。在清高的烟幕之下藏着一种颇不光明的动机。"人都龌龊，只有我干净"（所谓"世人皆浊我独清"），他们在这种自信或幻觉中沉醉而陶然自乐。熟看《世说新语》，我始而羡慕魏晋人的高标逸致，继而起一种强烈的反感，觉得那一批人毕竟未闻大道，整天在臧否人物，自鸣得意，心地毕竟局促。他们忘物而未能忘我，正因其未忘我而终亦未能忘物，态度毕竟是矛盾。魏晋人自有他们的苦闷，原因也就在此。"人都龌龊，只有我干净"，这看法或许是幻觉，或许是真理。如果它是幻觉，那是妄自尊大；如果它是真理，就引以自豪，也毕竟是小气。孔子、释迦、耶稣诸人未尝没有这种看法，可是他们的心理反应不是骄傲而是怜悯，不是遗弃而是援救。长沮桀溺说："滔滔者天下皆是，而谁以易之。"孔子说："鸟兽不可与同群，吾非斯人之徒与而谁与？"这是谩世傲物者与悲天悯人者在对人对己的态度上的基本分别。

人生本来有许多矛盾的现象，自视愈大者胸襟愈小，自视愈小者胸襟愈大。这种矛盾起于对于人生理想所悬的标准高低。标准悬得愈低，愈易自满，标准悬得愈高，愈自觉不足。虚荣者只求胜过人，并不管所拿来和自己比较的人是否值得做比较的标准。只要自己显得是长子，就在矮人国中也无妨。孟子谈交友的对象，分出"一乡之善士"，"一国之善士"，"天下之善士"，"古之人"四个层次。我们衡量人我也要由"一乡之善士"扩充到"古之人"。大概性格愈高贵，胸襟愈恢阔，用来衡量人我的尺度也就愈大，而自己也就显得愈渺小。一个人应该有自己渺小的意识，不仅是当着古往今来的圣贤豪杰的面前，尤其是当着自然的伟大，人性的尊严和时空的无限。你要拿人比自己，且抛开张三李四，比一比孔子、释迦、耶稣、屈原、杜甫、米开朗琪罗、贝多芬或是爱迪生！且抛开你的同类，比一比太平洋、大雪山、诸行星的演变和运行。或是人类知识以外的那一个茫茫宇宙！在这种比较之后，你如果不为伟大崇高之感所撼动而俯首下心，肃然起敬，你就没有人性中最高贵的成分。你如果不盲目，看得见世界的博大，也看得见世界的精微，你想一想，世间哪里有临到你可凭以骄傲的？

在见道者的高瞻远瞩中。"我"可以缩到无限小，也可以放到无限大。在把"我"放到无限大时，他们见出人性的尊严；在把"我"缩到无限小时，他们见出人性在自己小我身上所实现的非常渺小。这两种认识合起来才形成真正的谦虚。佛家法相一宗把叫作"我"的肉体分析为"扶根尘"。和龟毛兔角同为虚幻，把"我"的通常知见都看成幻觉，和镜花水月同无实在性。这可算把自我看成极渺小。可是他们同时也把宇宙一切，自大地山河以至玄理妙义，都统摄于圆湛不生灭妙明真心，万法唯心所造，而此心却为我所固有。所以"明心见性"，"即心即佛"。这就无异于说，真正可以叫作"我"的那种"真如自性"还是在我，宇宙一切都由它生发出来，"我"就无异于创世主。这对于人性却又看得何等尊严！不但宗教家，哲学家像柏拉图、康德诸人大抵也还是如此看法。我们先秦儒家的看法也不谋而合。儒本有"柔懦"的意义，儒家一方面继承"一命而偻,再命而伛,三命而俯,循墙而走"那种传统的谦虚恭谨,一方面也把"我"看成"与天地合德"。他们说:"返身而诚,万物皆备于我矣,""能尽人之性,则能尽物之性;能尽物之性,则可以赞天地之化育,与天地参矣。"他们拿来放在自己肩膀上的责任是"为天地立心,为生民立命,为往圣继绝学,为万世开太平"。这种"顶天立地,继往开来"的自觉是何等尊严!

  意识到人性的尊严而自尊,意识到自我的渺小而自谦,自尊与自谦合一,于是法天行健,自强不息,这就是《易经》所说的"谦尊而光,卑而不可逾"。

成功与命运

人生来是精神所附丽的物质，免不掉物质所常有的惰性。抵抗力最低的路径常是一种引诱，我们还可以说，凡是引诱所以能成为引诱，都因为它是抵抗力最低的路径，最能迎合人的惰性。惰性是我们的仇敌，要克服惰性，我们必须动员坚强的意志力，不怕朝抵抗力最大的路径走。走通了，抵抗力就算被征服，要做的事也就算成功。

——朱光潜

成功 / 季羡林

> 把成功的三个条件拿来分析一下，天资是由"天"来决定的，我们无能为力。机遇是不期而来的，我们也无能为力。只有勤奋一项完全是我们自己决定的，我们必须在这一项上狠下功夫。

什么叫成功？顺手拿来一本《现代汉语词典》，上面写道："成功：获得预期的结果"，言简意赅，明白之至。

但是，谈到"预期"，则错综复杂，纷纭混乱。人人每时每刻每日每月都有大小不同的预期，有的成功，有的失败，总之是无法界定，也无法分类，我们不去谈它。

我在这里只谈成功，特别是成功之道。这又是一个极大的题目，我却只是小做。积七八十年之经验，我得到了下面这个公式：

天资＋勤奋＋机遇＝成功

"天资",我本来想用"天才";但天才是个稀见现象,其中不少是"偏才",所以我弃而不用,改用"天资",大家一看就明白。这个公式实在是过分简单化了,但其中的含义是清楚的。搞得太繁琐,反而不容易说清楚。

谈到天资,首先必须承认,人与人之间天资是不相同的,这是一个事实,谁也否定不掉。"十年浩劫"中,自命天才的人居然号召大批天才,葫芦里卖的是什么药,至今不解。到了今天,学术界和文艺界自命天才的人颇不稀见,我除了羡慕这些人"自我感觉过分良好"外,不敢赞一词。对于自己的天资,我看,还是客观一点好,实事求是一点好。

至于勤奋,一向为古人所赞扬。囊萤、映雪、悬梁、刺股等故事流传了千百年,家喻户晓。韩文公的"焚膏油以继晷,恒兀兀以穷年",更为读书人所向往。如果不勤奋,则天资再高也毫无用处。事理至明,无待饶舌。

谈到机遇,往往为人所忽视。它其实是存在的,而且有时候影响极大。就以我自己为例,如果清华不派我到德国去留学,则我的一生完全不会像现在这个样子。

把成功的三个条件拿来分析一下,天资是由"天"来决定的,我们无能为力。机遇是不期而来的,我们也无能为力。只有勤奋一项完全是我们自己决定的,我们必须在这一项上狠下功夫。在这里，古人的教导也多得很。还是先举韩文公。他说："业精于勤荒于嬉，行成于思毁于随。"这两句话是大家都熟悉的。

王静安在《人间词话》中说："古今之成大事业大学问者必经过三种之境界。'昨夜西风凋碧树，独上高楼，望尽天涯路'。此第一境也。'衣带渐宽终不悔，为伊消得人憔悴'。此第二境也。'众里寻他千百度，回头蓦见，那人正在，灯火阑珊处'。此第三境也。"静安先生第一境写的是预期。第二境写的是勤奋。第三境写的是成功。其中没有写天资和机遇。我不敢说，这是他的疏漏，因为写的角度不同。但是，我认为，补上天资与机遇，似更为全面。我希望，大家都能拿出"衣带渐宽终不悔"的精神来从事做学问或干事业，这是成功的必由之路。

论命运 /冯友兰

> 人生所能有的成就有三：学问、事功、道德，即古人所谓立言、立功、立德。而成功的要素亦有三：才、命、力，即天资、命运、努力。学问的成就需要才的成分大，事功的成就需要命运的成分大，道德的成就需要努力的成分大。

世上有许多所谓的"大哲学家"也谈命运，不过他们所谈的命运是指"先定"，既有"先定"，就有人要"先知"它，以便从中获利。例如预先知道某种物品将要涨价，就大量买进，便可赚钱；知道某种物品将要跌价，就去卖出，便不亏本。因此使得他们大发其财，无怪乎"大哲学家"们都生意兴隆了。

其实"先定"是没有的，即使有，也无须先知。如果有先定的命，命中注定你将来要发财，到时自然会发财；命定你要做官，将来自然会做官；命定了将来要讨饭，自然要讨饭。先知了也不能更改、不能转变，又何必要预先知道呢！

我说的"命运"和他们所说的不同。孔子、孟子等也谈命，如孔子说："知天命。"庄子说："知其不可奈何而安之若命。"孟子说："莫之为而为者，天也；莫之致而至者，命也。"荀子说："节遇之谓命。"我说的"命"就是他们所说的"命"。"莫之致而至"是不想它来而来；"节遇"是无意中的遭遇。

命和运不同：运是一个人在某一时期的遭遇，命是一个人在一生中的遭遇。某人今年中了特等奖券，是他今年的"运"好，但是他的"命"好不好，还不一定，因为他将来如何尚不得而知。在一时期中，幸的遭遇比不幸的遭遇多，是运好；在一生中，幸的遭遇比不幸的遭遇多，是命好。

所谓努力能战胜"命运"，我以为这个"命运"是指环境而言。环境是努力可以改变的，至于"命运"，照定义讲，人力不能战胜，否则就不成其为"命运"。

人生所能有的成就有三：学问、事功、道德，即古人所谓立言、立功、立德。而成功的要素亦有三：才、命、力，即天资、命运、努力。学问的成就需要才的成分大，事功的成就需要命运的成分大，道德的成就需要努力的成分大。

要成为大学问家，必须有天资，即才。俗话说："酒有别肠，诗有别才。"一个人在身体机构上有了能喝酒的底子，再加上练习，就能成为一个会喝酒的人。如果身体机构上没有喝酒的底子，一喝就吐，怎样练习得会呢？作诗也是一样，有的人从未学过作诗，但是他作起诗来，形式上虽然不好，却有几个字很好，或有几句很好，这种人是可以学作诗的，因为他有作诗的才。有的人写起诗来，形式整整齐齐，平仄合韵，可是一读之后，毫无诗味，这种人就不必作诗。一个人的才的分量是一定的，有几分就只有几分，学力不能加以增减。譬如写字，你能有几笔写得好，就只能有几笔写得好。学力只不过将原来不好的稍加润饰，来陪衬好的，它只能增加量而不能提高质。不过诸位不要灰心，以为自己没有才便不努力。你有没有才，现在还不晓得，到时自能表现出来，所谓"自有仙才自不知"，或许你大器晚成呢！既有天才，再加学力，就能在学问上有所成就。

至于事功的建立，则是"命运"的成分多。历史上最成功的人是历朝的太祖高皇帝。刘邦因为项羽的不行而成功，如果项羽比他更行，他绝不会成功。学问是个人之事，成功则与他人有关。康德能够成为大哲学家，并不是因为英国没有大哲学家。而希特勒能够横行，却是英国的纵容和法国的疏忽所致。历史上有些人实在配称英雄，可是碰到比他更厉害的人却失败了。有的人原很不行，可是碰着比他更不行的人反能成功，所谓"时无英雄，竖子成名"，所以，事功方面的成就靠命运的成分大。"卫青不败由天幸,李广无功缘数奇",我们不应以成败论英雄。道德方面的成就则需要努力,和天资、命运的关系小,因为完成道德,不必做与众不同的事,只要就其所居之位,做自己应该做的事,尽伦尽职即可。人伦是社会中人与人之间的关系,一个人在社会上必须和别人发生关系,而且必须做事。能尽自己和别人的关系,做自己应该做的事,就是道德,和自己的地位高下、事业大小都没关系。不论何人,只要尽心竭力,对社会的价值是没有分别的。命运的好坏对于道德的完成也没有关系。文天祥和史可法都兵败身死,可算不幸,但是即使他们能存来救明,他们在道德方面的成就也不会再增加一些。他们虽然失败,道德的成就也不因之减少一些。不但如此,有的道德反要在不幸的遭遇下才能表现,如疾风劲草、乱世忠臣。孟子说:"富贵不能淫,贫贱不能移。"终身富贵的人,最多能做到前者。做官发财是"求之有道,得之有命",唯有道德是"求则得之,舍则失之",做不做的全在自己。

有的人常常说我立志要做大学问家,或立志要做大政治家,这种人有可能会失望。因为如果才不够,便不能成为大学问家;命运欠好,便不能成为大政治家。惟立志为圣贤,则只要自己努力,便一定可以成功。普通人以为,圣贤需要在事功文学方面有特别的天才,那是错误的。孔子和孟子成为圣贤和他们的才干没有关系，王阳明并不是因为他能带兵而成贤人。所以学问的成就需要才，事功的成就需要幸运，道德的成就只要努力。

朝抵抗力最大的路径走 / 朱光潜

> 物质永远是朝抵抗力最低的路径走,而人可以朝抵抗力最大的路径走。物的动必终为抵抗力所阻止,而人的动可以不为抵抗力所阻止。

我提出这个题目来谈,是根据一点亲身的经验。有一个时候,我学过作诗填词。往往一时兴到,我信笔直书,心里想到什么,就写什么,写成了自己读读看,觉得很高兴,自以为还写得不坏,后来我把这些处女作拿给一位精于诗词的朋友看,请他批评,他仔细看了一遍后,很坦白地告诉我说:"你的诗词未尝不能作,只是你现在所作的还要不得。"我就问他:"毛病在哪里呢?"他说:"你的诗词都来得太容易,你没有下过力,你欢喜取巧,显小聪明。"听了这话,我捏了一把冷汗,起初还有些不服,后来对于前人作品多费过一点心思,才恍然大悟那位朋友批评我的话真是一语破的。我的毛病确是在没有下过力。我过于相信自然流露,没有知道第一次浮上心头的意思往往不是最好的意思,第一次浮上心头的词句也往往不是最好的词句。意境要经过洗练,表现意境的词句也要经过推敲,才能脱去渣滓,达到精妙境界。洗练推敲要吃苦费力,要朝抵抗力最大的路径走。福楼拜自述写作的辛苦说:"写作要超人的意志,而我却只是一个人!"我也有同样感觉,我缺乏超人的意志,不能拼死力往里钻,只朝抵抗力最低的路径走。

这一点切身的经验使我受到很深的感触。它是一种失败,然而从这种失败中我得到一个很好的教训。我觉得不但在文艺方面,就在立身处世的任何方面,贪懒取巧都不会有大成就,要有大成就,必定朝抵抗力最大的路径走。

"抵抗力"是物理学上的一个术语。凡物在静止时都本其固有"惰性"而继续静止,要使运动,必须在它身上加"动力",动力愈大,动愈速愈远。动的路径上不能无抵抗力,凡物的动都朝抵抗力最低的方向。如果抵抗力大于动力,动就会停止,抵抗力纵是低,聚集起来也可以使动力逐渐减少以至于消灭,所以物不能永动,静止后要它续动,必须加以新动力。这是物理学上一个很简单的原理,也可以应用到人生上面。人像一般物质一样,也有惰性,要想他动,也必须有动力。人的动力就是他自己的意志力。意志力愈强,动愈易成功;意志力愈弱,动愈易失败。不过人和一般物质有一个重要的分别:一般物质的动都是被动，使它动的动力是外来的；人的动有时可以是主动，使他动的意志力是自生自发自给自足的。在物的方面，动不能自动地随抵抗力之增加而增加；在人的方面，意志力可以自动地随抵抗力之增加而增加，所以物质永远是朝抵抗力最低的路径走，而人可以朝抵抗力最大的路径走。物的动必终为抵抗力所阻止，而人的动可以不为抵抗力所阻止。

照这样看，人之所以为人，就在能不为最大的抵抗力所屈服。我们如果要测量一个人有多少人性，最好的标准就是他对于抵抗力所拿出的抵抗力，换句话说，就是他对于环境困难所表现的意志力。我在上文说过，人可以朝抵抗力最大的路径走，人的动可以不为抵抗力所阻。我说"可以"不说"必定"，因为世间大多数人仍是惰性大于意志力，欢喜朝抵抗力最低的路径走，抵抗力稍大，他就要缴械投降。这种人在事实上失去最高生命的特征，堕落到无生命的物质的水平线上，和死尸一样东推西倒，西推东倒。他们在道德学问事功各方面都绝不会有成就，万一以庸庸得厚福，也是叨天之幸。

人生来是精神所附丽的物质，免不掉物质所常有的惰性。抵抗力最低的路径常是一种引诱，我们还可以说，凡是引诱所以能成为引诱，都因为它是抵抗力最低的路径，最能迎合人的惰性。惰性是我们的仇敌，要克服惰性，我们必须动员坚强的意志力，不怕朝抵抗力最大的路径走。走通了，抵抗力就算被征服，要做的事也就算成功。举一个极简单的例子。在冬天早晨，你睡在热被窝里很舒适，心里虽知道这应该是起床的时候而你总舍不得起来。你不起来，是顺着惰性，朝抵抗力最低的路径走。被窝的暖和舒适，外面的空气寒冷，多躺一会儿的种种借口，对于起床的动作都是很大的抵抗力，使你觉得起床是一件天大的难事。但是你如果下一个决心，说非起来不可，一耸身你也就起来了。这一起来事情虽小，却表示你对于最大抵抗力的征服，你的企图的成功。

这是一个琐屑的事例，其实世间一切事情都可做如此看法。历史上许多伟大人物所以能有伟大成就者，大半都靠有极坚强的意志力，肯向抵抗力最大的路径走。例如孔子，他是当时一个大学者，门徒很多，如果他贪图个人的舒适，大可以坐在曲阜过他安静的学者的生活。但是他毕生东奔西走，席不暇暖，在陈绝过粮，在匡遇过生命的危险，他那副奔波劳碌恓恓惶惶的样子颇受当时隐者的嗤笑。他为什么要这样呢？就因为他有改革世界的抱负，非达到理想，他不肯甘休。《论语》长沮桀溺章最足见出他的心事。长沮桀溺二人隐在乡下耕田，孔子叫子路去向他们问路，他们听说是孔子，就告诉子路说："滔滔者天下皆是也，而谁以易之！"意思是说，于今世道到处都是一般糟，谁去理会它，改革它呢？孔子听到这话叹气说："鸟兽不可与同群，吾非斯人之徒与而谁与？天下有道，丘不与易也。"意思是说，我们既是人就应做人所应该做的事；如果世道不糟，我自然就用不着费气力去改革它。孔子平生所说的话，我觉得这几句最沉痛，最伟大。

长沮桀溺看天下无道，就退隐躬耕，是朝抵抗力最低的路径走，孔子看天下无道，就牺牲一切要拼命去改革它，是朝抵抗力最大的路径走。他说得很干脆，"天下有道，丘不与易也。"

再如耶稣，从《新约》中四部《福音》看，他的一生都是朝抵抗力最大的路径走。他抛弃父母兄弟，反抗当时旧犹太宗教，攻击当时的社会组织，要在慈爱上建筑一个理想的天国，受尽种种困难艰苦，到最后牺牲了性命，都不肯放弃他的理想。在他的生命史中有一段是千钧一发的危机。他下决心要宣传天国福音后，跑到沙漠里苦修了四十昼夜。据他的门徒的记载，这四十昼夜中他不断地受恶魔引诱。恶魔引诱他去争尘世的威权，去背叛上帝，崇拜恶魔自己。耶稣经过四十昼夜的挣扎，终于拒绝恶魔的引诱，坚定了对于天国的信念。从我们非教徒的观点看，这段恶魔引诱的故事是一个寓言，表示耶稣自己内心的冲突。横在他面前的有两路：一是上帝的路，一是恶魔的路，走上帝的路要牺牲自己，走恶魔的路他可以握住政权，享受尘世的安富尊荣。经过了四十昼夜的挣扎，他决定了走抵抗力最大的路——上帝的路。

我特别在耶稣生命中提出恶魔引诱的一段故事，因为它很可以说明宋明理学家所说的天理与人欲的冲突。我们一般人尽善尽恶的不多见，性格中往往是天理与人欲杂糅，有上帝也有恶魔，我们的生命史常是一部理与欲，上帝与恶魔的斗争史。我们常在歧途徘徊，理性告诉我们向东，欲念却引诱我们向西。

在这种时候，上帝的势力与恶魔的势力好像摆在天平的两端，见不出谁轻谁重。这是"千钧一发"的时候，"一失足即成千古恨"，一挣扎立即可成圣贤豪杰。如果要上帝的那一端天平沉重一点，我们必须在上面加一点重量，这重量就是拒绝引诱，克服抵抗力的意志力。有些人在这紧要关头拿不出一点意志力，听惰性摆布，轻轻易易地堕落下去，或是所拿的意志力不够坚决，经过一番冲突之后，仍然向恶魔缴械投降。例如，洪承畴本是明末一个名臣，原来也很想效忠明朝，恢复河山，清兵入关后，大家都预料他以死殉国，清兵百计劝诱他投降，他原也很想不投降，但是到最后终于抵不住生命的执着与禄位的诱惑，做了明朝的汉奸。再举一个眼前的例子，汪精卫前半生对于民族革命很努力，当这次抗战开始时，他广播演说也很慷慨激昂。谁料到他的利禄熏心，一经敌人引诱，就起了卖国叛党的坏心思。依陶希圣的记载，他在上海时似仍感到良心上的痛苦，如果他拿出一点意志力，及早回头，或以一死谢国人，也还不失为知过能改的好汉。但是他拿不出一点意志力，就认错做错，甘心认贼作父。世间许多人失节败行，都像汪精卫、洪承畴之流，在紧要关头，不肯争一口气，就马马虎虎地朝抵抗力最低的路径走。

这是比较显著的例，其实我们涉身处世，随时随地面前都横着两条路径，一是抵抗力最低的，一是抵抗力最大的。比如当学生，不死心塌地去做学问，只敷衍功课，混分数文凭；毕业后不拿出本领去替社会服务，只奔走巴结，夤缘幸进，以不才而在高位；做事时又不把事当事做，只一味因循苟且，敷衍公事，甚至贪污淫逸，遇钱即抓，不管它来路正当不正当——这都是放弃抵抗力最大的路径而走抵抗力最低的路径。这种心理如充类至尽，就可以逐渐使一个人堕落。我当穷究目前中国社会腐败的根源，以为一切都由于懒。懒，所以苟且因循敷衍，做事不认真；懒，所以贪小便宜，以不正当的方法解决个人的生计；懒，所以随俗浮沉，一味圆滑，不敢为正义公道奋斗；懒，所以遇引诱即堕落，个人生活无纪律，社会生活无秩序。知识阶级懒，所以文化学术无进展；官吏懒，所以政治不上轨道；一般人都懒，所以整个社会都"吊儿郎当"暮气沉沉。懒是百恶之源，也就是朝抵抗力最低的路径走。如果要改造中国社会，第一件心理的破坏工作是除懒，第一件心理的建设工作是提倡奋斗精神。

生命就是一种奋斗，不能奋斗，就失去生命的意义与价值；能奋斗，则世间很少不能征服的困难。古话说得好，"有志者事竟成"。希腊最大的演说家是德摩斯梯尼，他生来口吃，一句话也说不清楚，但他抱定决心要成为一个大演说家，他天天一个人走到海边，向着大海练习演说，到后来居然达到了他的志愿。这个实例阿德勒派心理学家常喜援引。依他们说，人自觉有缺陷，就起"卑劣意识"，自耻不如人，于是心中就起一种"男性的抗议"，自己说我也是人，我不该不如人，我必用我的意志力来弥补天然的缺陷。阿德勒派学者用这原则解释许多伟大人物的非常成就,例如,聋子成为大音乐家,瞎子成为大诗人之类。我觉得一个人的紧要关头在起"卑劣意识"的时候。起"卑劣意识"是知耻,孔子说得好,"知耻近乎勇"。但知耻虽近乎勇而却不就是勇。能勇必定有阿德勒派所说的"男性的抗议"。"男性的抗议"就是认清了一条路径上抵抗力最大而仍然勇往直前,百折不挠。许多人虽天天在"卑劣意识"中过活,却永不能发"男性的抗议",只知怨天尤人,甚至自己不长进,希望旁人也跟着他不长进,看旁人长进,只怀满肚子醋意。这种人是由知耻回到无耻。注定的要堕落到十八层地狱,永不超生。

　　能朝抵抗力最大的路径走,是人的特点。人在能尽量发挥这特点时,就足见出他有富裕的生活力。一个人在少年时常是朝气勃勃,有志气,肯干,觉得世间无不可为之事,天大的困难也不放在眼里。到了年事渐长,受过了一些磨折,他就逐渐变成暮气沉沉,意懒心灰,遇事都苟且因循,得过且过,不肯出一点力去奋斗。一个人到了这时候,生活力就已经枯竭,虽是活着,也等于行尸走肉,不能有所作为了。所以一个人如果想奋发有为,最好是趁少年血气方刚的时候,少年时如果能努力,养成一种勇往直前百折不挠的精神,老而益壮,也还是可能的。

　　一个人的生活力之强弱,以能否朝抵抗力最大的路径为准,一个国家或是一个民族也是如此。这个原则有整个的世界史证明。姑举几个显著的例,西方古代最强悍的民族莫如罗马人,我们现在说到能吃苦肯干,重纪律,好冒险,仍说是"罗马精神"。因其有这种精神,所以罗马人东征西讨,终于统一了欧洲,建立一个庞大的殖民帝国。后来他们从殖民地获得丰富的资源,一般罗马公民都可以坐在家里不动而享受富裕的生活,于是变成骄奢淫逸,无恶不为,一到新兴的"野蛮"民族从欧洲东北角向南侵略,罗马人就毫无抵抗而分崩瓦解。再如清政府,他们在入关以前过的是骑猎生活,民性最强悍,很富于吃苦冒险的精神,所以到明末张李之乱社会腐败紊乱时,他们以区区数十万人之力就能入主中原。可是他们做了皇帝之后,一切皇亲国戚都坐着不动吃皇粮,享大位,过舒服生活,不到三百年,一个新兴民族就变成腐败不堪,辛亥革命起,我们就轻轻易易地把他们推翻了。我们如果要明白一个民族能够堕落到什么地步,最好去看看北平的旗人。

我们中华民族在历史上经过许多波折,从周秦到现在,没有哪一个时代我们不遇到很严重的内忧,也没有哪一个时代我们没有和邻近的民族挣扎,我们爬起来跌倒,跌倒了又爬起,如此者已不知若干次。从这简单的史实看,我们民族的生活力确是很强旺,它经过不断的奋斗才维持住它的生存权。这一点祖传的力量是值得我们尊重的。

孟子说:"天将降大任于斯人也,必先苦其心志,劳其筋骨,饿其体肤,空乏其身,行拂乱其所为,所以动心忍性,增益其所不能。"于今我们的时代是"天将降大任于斯人"的时代了,孟子所说的种种磨折,我们正在亲领身受。我希望每个中国人,尤其是青年们,要明白我们的责任,本着大无畏的精神,不顾一切困难,向前迈进。

走运与倒霉 / 季羡林

> 走运时,要想到倒霉,不要得意过了头;倒霉时,要想到走运,不必垂头丧气。

走运与倒霉,表面上看起来,似乎是绝对对立的两个概念。世人无不想走运,而决不想倒霉。

其实,这两件事是有密切联系的,互相依存的,互为因果的。说极端了,简直是一而二、二而一者也。这并不是我的发明创造。两千多年前的老子已经发现了,他说:"祸兮福之所倚,福兮祸之所伏,孰知其极?其无正。"老子的"福"就是走运,他的"祸"就是倒霉。

走运有大小之别,倒霉也有大小之别,而二者往往是相通的。走的运越大,则倒的霉也越惨,二者之间成正比。中国有一句俗话说:"爬得越高,跌得越重。"形象生动地说明了这种关系。

吾辈小民,过着平平常常的日子,天天忙着吃、喝、拉、撒、睡;操持着柴、米、油、盐、酱、醋、茶。有时候难免走点小运,有的是主动争取来的,有的是时来运转,好运从天上掉下来的。高兴之余,不过喝上二两二锅头,飘飘然一阵了事。但有时又难免倒点小霉,"闭门家中坐,祸从天上来",没有人去争取倒霉的。倒霉以后,也不过心里郁闷几天,对老婆孩子发点小脾气,转瞬就过去了。

但是,历史上和眼前的那些大人物和大款们,他们一身系天下安危,或者系一个地区、一个行当的安危。他们得意时,比如打了一个大胜仗,或者倒卖房地产、炒股票,发了一笔大财,意气风发,踌躇满志,自以为天上天下,唯我独尊。"固一世之雄也",怎二两二锅头了得!然而一旦失败,不是自刎乌江,就是从摩天高楼跳下,"而今安在哉!"

从历史上到现在,中国知识分子有一个"特色",这在西方国家是找不到的。中国历代的诗人、文学家,不倒霉则走不了运。司马迁在《太史公自序》中说:"昔西伯拘羑里,演《周易》;孔子厄陈蔡,作《春秋》;屈原放逐,著《离骚》;左丘失明,厥有《国语》;孙子膑脚,而论兵法;不韦迁蜀,世传《吕览》;韩非囚秦,《说难》《孤愤》;《诗》三百篇,大抵贤圣发愤之所为作也。"司马迁算的这个总账,后来并没有改变。汉以后所有的文学大家,都是在倒霉之后,才写出了震古烁今的杰作。像韩愈、苏轼、李清照、李后主等等一批人，莫不皆然。从来没有过状元宰相成为大文学家的。

　　了解了这一番道理之后，有什么意义呢？我认为，意义是重大的。它能够让我们头脑清醒，理解祸福的辩证关系；走运时，要想到倒霉，不要得意过了头；倒霉时，要想到走运，不必垂头丧气。心态始终保持平衡，情绪始终保持稳定，此亦长寿之道也。

谈乐天知命 /梁漱溟

> 信得及一切有定数（但非百分之百），便什么也不贪，什么也不怕了。随感而应，行乎其所当行；过而不留，止乎其所休息。此亦是从临深履薄态度自然而来的结果。

古人有许多说话，早先我自以为能领会其意义，其实所领会的极其粗浅。今年过八旬后，感受时事环境教训，乃有较深领会于心。此一不同，唯自己心里明白而已，难以语人。今略记之于下；人之领会于吾言者如何，又将视其在人生实践上为深为浅而不同焉。

例如五十年前旧著《东西文化及其哲学》，曾比照"智者不惑，勇者不惧"，指出"仁者不忧"之大可注意，自谓能晓然其意义矣；其实甚浅甚浅。今所悟者乃始与《易·系辞》"乐天知命故不忧"一语若有合焉。乐天知命是根本；仁者不忧根本全在乐天知命。

何谓乐天知命？天命二字宜从孟子所云"莫之为而为者，天也；莫之致而至者，命也"来理解。即：一切是事实的自然演变，没有什么超自然的主宰在支配。自然演变有其规律，吾人有的渐渐知道了，有的还不明白。但一切有定数，非杂乱，非偶然。这好像定命论，实则为机械观与目的观之合一，与柏格森之创化论相近，不相违。吾人生命与宇宙大自然原是浑一通彻无隔碍的，只为有私意便隔碍了。无私意便无隔碍，任天而动，天理流行，那便是乐天知命了。其坦然不忧者在此。然而亦不是没有忧，如云"忧道不忧贫"；其忧也，不碍其乐。忧而不碍其乐者，天理廓然流行无滞故耳。孔子自己说，"其为人也，发愤忘食，乐以忘忧，不知老之将至，"意思可见。孔子又云，"五十而知天命，"殆自言其学养工夫到五十之年自家生命乃息息通于宇宙大生命也。

在平素缺乏学养的我如上所说，不过朦胧地远远望见推度之词。即从如上所见而存有如下信念：一切祸福、荣辱、得失之来完全接受，不疑讶，不骇异，不怨不尤。但所以信念如此者，必在日常生活上有其前提："战战兢兢，如临深渊，如履薄冰"是也。

临深履薄之教言，闻之久矣。特在信服伍庸伯先生所言反躬慎独之后，意旨更明。然我因一向慷慨担当之豪气（是个人英雄主义，未是无产阶级革命的英雄主义），不能实行。及今乃晓得纵然良知希见茁露，未足以言"戒慎乎其所不睹，恐惧乎其所不闻"，却是敛肃此心，保持如临深履薄的态度是日常生活所必要的。此一新体会也。

信得及一切有定数（但非百分之百），便什么也不贪，什么也不怕了。随感而应，行乎其所当行；过而不留，止乎其所休息。此亦是从临深履薄态度自然而来的结果。

注：一切有定数，但又非百分之百者，盖在智慧高强的人其创造力强也。一般庸俗人大都陷入宿命论中矣。

何谓幸福

人类最高理想应该是人人能有闲暇，于必须的工作之余还能有闲暇去做人，有闲暇去做人的工作，去享受人的生活。我们应该希望人人都能属于"有闲阶层"。有闲阶层如能普及于全人类，那便不复是罪恶。人在有闲的时候才最像是一个人。手脚相当闲，头脑才能相应地忙起来。我们并不向往六朝人那样萧然若神仙的样子，我们却企盼人人都能有闲暇去发展他的智慧与才能。

——梁实秋

轻轻地走与轻轻地来 / 史铁生

> 我盼望夜晚，盼望黑夜，盼望寂静中自由的到来。甚至盼望站到死中，去看生。

现在我常有这样的感觉：死神就坐在门外的过道里，坐在幽暗处，凡人看不到的地方，一夜一夜耐心地等我。不知什么时候它就会站起来，对我说：嘿，走吧。我想那必是不由分说。但不管是什么时候，我想我大概仍会觉得有些仓促，但不会犹豫，不会拖延。

"轻轻地我走了，正如我轻轻地来"——我说过，徐志摩这句诗未必牵涉生死，但在我看，却是对生死最恰当的态度，作为墓志铭真是再好也没有。

死，从来不是一次性完成的。陈村有一回对我说：人是一点一点死去的，先是这儿，再是那儿，一步一步终于完成。他说得很平静，我漫不经心地附和，我们都已经活得不那么在意死了。

这就是说，我正在轻轻地走，灵魂正在离开这个残损不堪的躯壳，一步步告别着这个世界。这样的时候，不知别人会怎样想，我则尤其想起轻轻地来的神秘。比如想起清晨、晌午和傍晚变幻的阳光，想起一方蓝天，一个安静的小院，一团扑面而来的柔和的风，风中仿佛从来就有母亲和奶奶轻声的呼唤……不知道别人是否也会像我一样，由衷地惊讶：往日呢？往日的一切都到哪儿去了？

生命的开端最是玄妙，完全的无中生有。好没影儿的忽然你就进入了一种情况，一种情况引出另一种情况，顺理成章天衣无缝，一来二去便连接出一个现实世界。真的很像电影，虚无的银幕上，比如说忽然就有了一个蹲在草丛里玩耍的孩子，太阳照耀他，照耀着远山、近树和草丛中的一条小路。然后孩子玩腻了，沿小路蹒跚地往回走，于是又引出小路尽头的一座房子，门前正在张望他的母亲，埋头于烟斗或报纸的父亲，引出一个家，随后引出一个世界。孩子只是跟随这一系列情况走，有些一闪即逝，有些便成为不可更改的历史，以及不可更改的历史的原因。这样，终于有一天孩子会想起开端的玄妙：无缘无故，正如先哲所言——人是被抛到这个世界上来的。

其实，说"好没影儿的忽然你就进入了一种情况"和"人是被抛到这个世界上来的"，这两句话都有毛病，在"进入情况"之前并没有你，在"被抛到这世界上来"之前也无所谓人。——

不过这应该是哲学家的题目。

对我而言，开端，是北京的一个普通四合院。我站在炕上，扶着窗台，透过玻璃看它。屋里有些昏暗，窗外阳光明媚。近处是一排绿油油的榆树矮墙，越过榆树矮墙远处有两棵大枣树，枣树枯黑的枝条镶嵌进蓝天，枣树下是四周静静的窗廊。——与世界最初的相见就是这样，简单，但印象深刻。复杂的世界尚在远方，或者，它就蹲在那安恬的时间四周窃笑，看一个幼稚的生命慢慢睁开眼睛，萌生着欲望。

奶奶和母亲都说过：你就出生在那儿。

其实是出生在离那儿不远的一家医院。生我的时候天降大雪。一天一宿罕见的大雪，路都埋了，奶奶抱着为我准备的铺盖蹬着雪走到医院，走到产房的窗檐下，在那儿站了半宿，天快亮时才听见我轻轻地来了。母亲稍后才看见我来了。奶奶说，母亲为生了那么个丑东西伤心了好久，那时候母亲年轻又漂亮。这件事母亲后来闭口不谈，只说我来的时候"一层黑皮包着骨头"，她这样说的时候已经流露着欣慰，看我渐渐长得像回事了……但这一切都是真的吗？

我蹒跚地走出屋门，走进院子，一个真实的世界才开始提供凭证。太阳晒热的花草的气味，太阳晒热的砖石的气味，阳光在风中舞蹈、流动。青砖铺成的十字甬道连接起四面的房屋，把院子隔成四块均等的土地，两块上面各有一棵枣树，另两块种满了西番莲。西番莲顾自开着硕大的花朵，蜜蜂在层叠的花瓣中间钻进钻出，嗡嗡地开采。蝴蝶悠闲飘逸，飞来飞去，悄无声息，仿佛幻影。枣树下落满移动的树影，落满细碎的枣花。青黄的枣花像一层粉，覆盖着地上的青苔，很滑，踩上去要小心。天上，或者是云彩里，有些声音，有些缥缈不知所在的声音——风声？铃声？还是歌声？说不清。很久我都不知道那到底是什么声音，但我一走到那块蓝天下面就听见了它，甚至在襁褓中就已经听见它了。那声音清朗，欢欣，悠悠扬扬不紧不慢，仿佛是生命固有的召唤，执意要你去注意它，去寻找它，看望它，甚或去投奔它。

我迈过高高的门槛，艰难地走出院门，眼前是一条安静的小街，细长、规整，两三个陌生的身影走过，走向东边的朝阳，走进西边的落日。东边和西边都不知通向哪里，都不知连接着什么，唯那美妙的声音不惊不懈，如风如流……

我永远都看见那条小街，看见一个孩子站在门前的台阶上眺望。朝阳或是落日弄花了他的眼睛，浮起一群黑色的斑点，他闭上眼睛，有点怕，不知所措，很久，再睁开眼睛，啊，好了，世界又是一片光明……有两个黑衣的僧人在沿街的房檐下悄然走过……几只蜻蜓平稳地盘桓，翅膀上闪动着光芒……鸽哨声时隐时现，平缓，悠长，渐渐地近了，扑棱棱飞过头顶，又渐渐远了，在天边像一团飞舞的纸屑……这是件奇怪的事，我既看见我的眺望，又看见我在眺望。

那些情景如今都到哪儿去了？那时刻，那孩子，那样的心

111

情，惊奇和痴迷的目光，一切往日情景，都到哪儿去了？它们飘进了宇宙，是呀，飘去五十年了。但这是不是说，它们只不过飘离了此时此地，其实它们依然存在？

梦是什么？回忆，是怎么一回事？

倘若在五十光年之外有一架倍数足够大的望远镜，有一个观察点，料必那些情景便依然如故，那条小街，小街上空的鸽群，两个无名的僧人，蜻蜓翅膀上的闪光和那个痴迷的孩子，还有天空中美妙的声音，便一如既往。如果那望远镜以光的速度继续跟随，那个孩子便永远都站在那条小街上，痴迷地眺望。要是那望远镜停下来，停在五十光年之外的某个地方，我的一生就会依次重现，五十年的历史便将从头上演。

真是神奇。很可能，生和死都不过取决于观察，取决于观察的远与近。比如，当一颗距离我们数十万光年的星星实际早已熄灭，它却正在我们的视野里度着它的青年时光。

时间限制了我们，习惯限制了我们，谣言般的舆论让我们陷于实际，让我们在白昼的魔法中闭目塞听不敢妄为。白昼是一种魔法，一种符咒，让僵死的规则畅行无阻，让实际消磨掉神奇。所有的人都在白昼的魔法之下扮演着紧张、呆板的角色，一切言谈举止一切思绪与梦想，都仿佛被预设的程序所圈定。

因而我盼望夜晚，盼望黑夜，盼望寂静中自由的到来。

甚至盼望站到死中，去看生。

我的躯体早已被固定在床上，固定在轮椅中，但我的心魂常在黑夜出行，脱离开残废的躯壳，脱离白昼的魔法，脱离实际，在尘嚣稍息的夜的世界里游逛，听所有的梦者诉说，看所有放弃了尘世角色的游魂在夜的天空和旷野中揭开另一种戏剧。风，四处游走，串连起夜的消息，从沉睡的窗口到沉睡的窗口，去探望被白昼忽略了的心情。另一种世界，蓬蓬勃勃，夜的声音无比辽阔。是呀，那才是写作啊。至于文学，我说过我跟它好像不大沾边儿，我一心向往的只是这自由的夜行，去到一切心魂的由衷的所在。

作者简介

史铁生（1951—2010），生于北京。1969年赴延安插队，1972年双腿瘫痪回到北京。1974年始在某街道工厂做工，七年后因病情加重回家疗养。自称说"职业是生病，业余在写作"。1979年开始发表文学作品。著有中短篇小说集《我的遥远的清平湾》《礼拜日》《命若琴弦》《往事》等；散文随笔集《自言自语》《我与地坛》《病隙碎笔》等；长篇小说《务虚笔记》以及《史铁生作品集》。曾先后获全国优秀短篇小说奖、鲁迅文学奖，以及多种全国文学刊物奖。

如何才能得到痛快的
合理的生活 / 梁漱溟

> 集中精力，多用心思，去掉懒惰。能如此，才算握住生命真谛，才算得到痛快的合理的生活。

今天有三个意思要和大家说。

第一个意思是：师生之间切不要使之落于应付，应常常以坦白的心相示，而求其相通。如果落于应付，则此种生活殊无意趣。大概在先生一面，心里要能够平平静静的，不存在一个要责望同学以非如何不可的意思，也不因少数同学懒惰而有不平之气。在同学一面，更要坦白实在——不搪塞，不欺骗，不懒惰。所谓坦白，就是指自己力量尽到而言；虽然自己有短处，有为难处，也要照样子摆出来。如果力量没尽到而搪塞饰掩，这是虚伪；如果力量没尽到而把懒惰摆出来给人看，这便是无耻。这两者是毁灭生命的凿子。人生只有尽力，尽力才有坦白之可言。坦白绝不是没有羞恶，没有判断，它是要使每个人从坦白真实里面来认识自己，来发挥各自的生命力。每人都能如此，其情必顺，其心必通，才不致落于形式的表面的应付上，才能够大家齐心向前发展，创造！

第二个意思是：人都是要求过一个痛快的生活。但此痛快生活，果从何而来？就是在各自的精力能够常常集中，发挥，运用。此意即说，敷衍、懒惰、不做事，空自一天天期待着去挨磨日子，便没法得到一个痛快的生活——也很不合算。于此我可以述说我的两个经验。

头一个经验，仿佛自己越是在给别人有所牺牲的时候，心里特别觉得痛快、酣畅、开展。反过来，自己力气不为人家用，似乎应该舒服，其实并不如此，反是心里感觉特别紧缩、闷苦。所以为社会牺牲，是合乎人类生命的自然要求，这个地方可以让我们生活更能有力！

再一个经验，就是劳动。我们都是身体很少劳动的人，可是我常是这样：颇费力气的事情开头懒于去做，等到劳动以后，遍身出汗，心里反倒觉得异常痛快。

以上两个经验，一个比较深细，一个比较粗浅。但都是告诉我们力量要用出来才能痛快。人类生命的自然要求就是如此。于此苟无所悟，实在等于斫丧自己的生命。

第三个意思是：有的人每每看轻自己的工作，觉得粗浅而不足为，这是一个错误。须知虽然是粗浅的事情，如果能集中整个精力来做，也都能做到精微高深的境界。古人云："洒扫、应对、进退，即是形而上学。"又云："下学而上达。"都是指此而言。在事情本身说，表面上只有大小之殊，没有精粗——这件事比那件事粗浅——的分野。俗话说"天下七十二行，行行出状元"，只在各人自求而已。大概任何一件事业或一种学术，只怕不肯用心，肯用心一定可以得到许多的启示与教训，一定可以有所得，有所悟。在这个地方的所得，同在那个地方所得的是一样高深；在这里有所通，在别处也没有什么不通，所谓一通百通。所以凡对人情事理有所悟者，就是很大的学问。此其要点，即在集中精力，多用心思，去掉懒惰。能如此，才算握住生命真谛，才算得到痛快的合理的生活。

闲暇 / 梁实秋

> 劳动是必须的,但劳动不应该是终极的目标。而且劳动亦不应该由一部分人负担而令另一部分人坐享其成果。

英国十八世纪的笛福,以《鲁滨逊漂流记》一书闻名于世,其实他写小说是在近六十岁才开始的,他以前的几十年写作差不多全是以新闻记者的身份所写的散文。最早的一本书,一六九七年刊行的《设计杂谈》(An Essay Upon Projects)是一部逸趣横生的奇书,我现在不预备介绍此书的内容,我只要引其中的一句话:"人乃是上帝所创造的最不善于谋生的动物;没有别的一种动物曾经饿死过;外界的大自然给它们预备了衣与食;内心的自然本性给它们安设了一种本能,永远会指导它们设法谋取衣食;但是人必须工作,否则就要挨饿,必须做奴役,否则就得死;他固然是有理性指导他,很少人服从理性指导而沦于这样不幸的状态;但是一个人年轻时犯了错误,以致后来颠沛困苦,没有钱,没有朋友,没有健康,他只好死于沟壑,或是死于一个更恶劣的地方——医院。"这一段话,不可以就表面字义上去了解,须知笛福是一位"反语"大师,他惯说反话。人为万物之灵,谁不知道?事实上在自然界里一大批一大批饿死的是禽兽,不是人。人要适合于理性的生活,要改善生活状态,所以才要工作。笛福本人是工作极为勤奋的人,他办刊物、写文章、做生意,从军又服官,一生忙个不停。就是在这本《设计杂谈》里,他也提出了许多高瞻远瞩的计划,像预言一般后来都一一实现了。

人辛勤困苦地工作,所为何来?夙兴夜寐,胼手胝足,如果纯是为了温饱像蚂蚁蜜蜂一样,那又何贵乎做人?想起罗马皇帝马可·奥勒留的一段话:

> 在天亮的时候,如果你懒得起床,要随时做如是想:"我要起来,去做一个人的工作。"我生来就是为了做那工作的,我来到世间就是为了做那工作的,那么现在就去做那工作又有什么可怨的呢?我既是为了这工作而生的,那么我应该蜷卧在被窝里取暖吗?"被窝里较为舒适呀。"那么你是生来为了享乐的吗?简言之,我且问你,你是被动地还是主动地要有所作为?试想每一个小的生物,每一只小鸟、蚂蚁、蜘蛛、蜜蜂,它们是如何地勤于劳作,如何地克尽厥职,以

组成一个有秩序的宇宙。那么你可以拒绝去做一个人的工作吗？自然命令你做的事还不赶快地去做吗？"但是一些休息也是必要的呀。"这我不否认。但是根据自然之道，这也要有个限制，犹如饮食一般。你已经超过限制了，你已经超过足够的限量了。但是讲到工作你却不如此了；多做一点你也不肯。

这一段策励自己勉力工作的话，足以发人深省，其中"以组一个有秩序的宇宙"一语至堪玩味。使我们不能不想起古罗马的文明秩序是建立在奴隶制度之上的。有劳苦的大众在那里辛勤地劳作，解决了大家的生活问题，然后少数的上层社会人士才有闲暇去做"人的工作"。大多数人是蚂蚁、蜜蜂，少数人是人。做"人的工作"需要有闲暇。所谓闲暇，不是饱食终日无所用心之谓，是免于蚂蚁、蜜蜂般的工作之谓。养尊处优，嬉邀惰慢，那是蚂蚁、蜜蜂之不如，还能算人！靠了逢迎当道，甚至为虎作伥，而猎取一官半职或是分享一些残羹剩饭，那是帮闲或是帮凶，都不是人的工作。奥勒留推崇工作之必要，话是不错，但勤于劳作亦应有个限度，不能像蚂蚁、蜜蜂那样地工作。劳动是必须的，但劳动不应该是终极的目标。而且劳动亦不应该由一部分人负担而令另一部分人坐享其成果。

人类最高理想应该是人人能有闲暇，于必须的工作之余还能有闲暇去做人，有闲暇去做人的工作，去享受人的生活。我们应该希望人人都能属于"有闲阶层"。有闲阶层如能普及于全人类,那便不复是罪恶。人在有闲的时候才最像是一个人。手脚相当闲,头脑才能相应地忙起来。我们并不向往六朝人那样萧然若神仙的样子,我们却企盼人人都能有闲暇去发展他的智慧与才能。

"慢慢走,欣赏啊!" /朱光潜
——人生的艺术化

> 艺术家估定事物的价值,全以它能否纳入和谐的整体为标准,往往出于一般人意料之外。他能看重一般人所看轻的,也能看轻一般人所看重的。在看重一件事物时,他知道执着;在看轻一件事物时,他也知道摆脱。

一直到现在,我们都是讨论艺术的创造与欣赏。在收尾这一节中,我提议约略说明艺术和人生的关系。

我在开章明义时就着重美感态度和实用态度的分别,以及艺术和实际人生之中所应有的距离,如果话说到这里为止,你也许误解我把艺术和人生看成漠不相关的两件事。我的意思并不如此。

人生是多方面而却相互和谐的整体,把它分析开来看,我们说某部分是实用的活动,某部分是科学的活动,某部分是美感的活动,为正名析理起见,原应有此分别;但是我们不要忘记,完满的人生见于这三种活动的平均发展，它们虽是可分别的而却不是互相冲突的。"实际人生"比整个人生的意义较为窄狭。一般人的错误在把它们认为相等，以为艺术对于"实际人生"既是隔着一层，它在整个人生中也就没有什么价值。有些人为维护艺术的地位，又想把它硬纳到"实际人生"的小范围里去。这般人不但是误解艺术，而且也没有认识人生。我们把实际生活看作整个人生之中的一片段，所以在肯定艺术与实际人生的距离时，并非肯定艺术与整个人生的隔阂。严格地说，离开人生便无所谓艺术，因为艺术是情趣的表现，而情趣的根源就在人生；反之，离开艺术也便无所谓人生，因为凡是创造和欣赏都是艺术的活动，无创造、无欣赏的人生是一个自相矛盾的名词。

人生本来就是一种较广义的艺术。每个人的生命史就是他自己的作品。这种作品可以是艺术的，也可以不是艺术的，正犹如同是一种顽石，这个人能把它雕成一座伟大的雕像，而另一个人却不能使它"成器"，分别全在性分与修养。知道生活的人就是艺术家，他的生活就是艺术作品。

过一世生活好比做一篇文章。完美的生活都有上品文章所应有的美点。

第一，一篇好文章一定是一个完整的有机体，其中全体与部分都息息相关，不能稍有移动或增减。一字一句之中都可以见出全篇精神的贯注。比如陶渊明的《饮酒》诗本来是"采菊东篱下，悠然见南山"，后人把"见"字误印为"望"字，原文的自然与物相遇相等相得的神情便完全丧失。这种艺术的完整性在生活中叫做"人格"。凡是完美的生活都是人格的表现。大而进退敢与，小而声音笑貌，都没有一件和全人格相冲突。不肯为五斗米折腰向乡里小儿，是陶渊明的生命史中所应有的一段文章，如果他错过这一个小节，便失其为陶渊明。下狱不肯脱逃，临刑时还叮咛嘱咐还邻人一只鸡的债，是苏格拉底的生命史中所应有的一段文章，否则他便失其为苏格拉底。这种生命史才可以使人把它当作一幅图画去惊赞，它就是一种艺术的杰作。

其次，"修辞立其诚"是文章的要诀，一首诗或是一篇美文一定是至性深情的流露，存于中然后形于外，不容有丝毫假借。情趣本来是物我交感共鸣的结果。景物变动不居，情趣亦自生生不息。我有我的个性，物也有物的个性，这种个性又随时地变迁而生长发展。每人在某一时会所见到的景物，和每种景物在某一时会所引起的情趣，都有它的特殊性，断不容与另一人在另一时会所见到的景物，和另一景物在另一时会所引起的情趣完全相同。毫厘之差，微妙所在。在这种生生不息的情趣中我们可以见出生命的造化。把这种生命流露于语言文字，就是好文章；把它流露于言行风采，就是美满的生命史。

文章忌俗滥，生活也忌俗滥。俗滥就是自己没有本色而蹈袭别人的成规旧矩。西施患心病，常捧心颦眉，这是自然的流露，所以愈增其美。东施没有心病，强学捧心颦眉的姿态，只能引人嫌恶。在西施是创作，在东施便是滥调。滥调起于生命的干枯，也就是虚伪的表现。"虚伪的表现"就是"丑"，克罗齐已经说过。"风行水上，自然成纹"，文章的妙处如此，生活的妙处也是如此。在什么地位，是怎样的人，感到怎样情趣，便现出怎样的言行风采，叫人一见就觉其谐和完整，这才是艺术的生活。

俗语说得好："惟大英雄能本色，"所谓艺术的生活就是本色的生活。世间有两种人的生活最不艺术，一种是俗人，一种是伪君子。"俗人"根本就缺乏本色，"伪君子"则竭力遮盖本色。朱晦庵[①]有一首诗说："半亩方塘一鉴开，天光云影共徘徊，问渠那得清如许？为有源头活水来。"艺术的生活就是有"源头活水"的生活。俗人迷于名利，与世浮沉，心里没有"天光云影"，就因为没有源头活水。他们的大病是生命的干枯。"伪君子"则于这种"俗人"的资格之上，又加上"沐猴而冠"的伎俩。他们的特点不仅见于道德上的虚伪，一言一笑、一举一动，都叫人起不美之感。谁知道风流名士的架子之中掩藏了几多行尸走肉？无论是"俗人"或是"伪君子"，他们都是生活中的"苟且者"，都缺乏艺术家在创造时所应有的良心。像伯格森所说的，他们都是"生命的机械化"，只能作喜剧中的角色。生活落到喜剧里去的人大半都是不艺术的。

---

① 朱晦庵（1130—1200），即朱熹，字元晦，又字仲晦，号晦庵、晚称晦翁、考亭先生、云谷老人、云谷老人。南宋理学家，儒学集大成者，尊称朱子。——编者注

艺术的创造之中都必寓有欣赏，生活也是如此。一般人对于一种言行常欢喜说它"好看""不好看"，这已有几分是拿艺术欣赏的标准去估量它。但是一般人大半不能彻底，不能拿一言一笑、一举一动纳在全部生命史里去看，他们的"人格"观念太淡薄，所谓"好看""不好看"往往只是"敷衍面子"。善于生活者则彻底认真，不让一尘一芥妨碍整个生命的和谐。一般人常以为艺术家是一班最随便的人，其实在艺术范围之间，艺术家是最严肃不过的。在锻炼作品时常呕心呕肝，一笔一画也不肯苟且。王荆公作"春风又绿江南岸"一句诗时，原来"绿"字是"到"字，后来由"到"字改为"过"字，由"过"字改为"入"字，由"入"字改为"满"字，改了十几次之后才定为"绿"字。即此一端可以想见艺术家的严肃了。善于生活者对于生活也是这样认真。曾子临死时记得床上的席子是季路的，一定叫门人把它换过才瞑目。吴季札①心里已经暗许赠剑给徐君，没有实行徐君就已死去，他很郑重地把剑挂在徐君墓旁树上，以见"中心契合死生不渝"的风谊。像这一类的言行看来虽似小节，而善于生活者却不肯轻易放过，正犹如诗人不肯轻易放过一字一句一样。小节如此，大节更不消说。董狐宁愿断头不肯掩盖史实，夷齐饿死不愿降周，这种风度是道德的也是艺术的。我们主张人生的艺术化，就是主张对于人生的

---

① 季札，春秋时吴王寿梦最小的儿子，与孔子齐名的圣人，称为"南季北孔"。是中华文明史上礼仪和诚信的代表人物。——编者注

严肃主义。

艺术家估定事物的价值,全以它能否纳入和谐的整体为标准,往往出于一般人意料之外。他能看重一般人所看轻的,也能看轻一般人所看重的。在看重一件事物时,他知道执着;在看轻一件事物时,他也知道摆脱。艺术的能事不仅见于知所取,尤其见于知所舍。苏东坡论文,谓如水行山谷中,行于其所不得不行,止于其所不得不止。这就是取舍恰到好处,艺术化的人生也是如此。善于生活者对于世间一切,也拿艺术的口味去评判它,合于艺术口味者毫毛可以变成泰山,不合于艺术口味者泰山也可以变成毫毛。他不但能认真,而且能摆脱。在认真时见出他的严肃,在摆脱时见出他的豁达。孟敏堕甑,不顾而去,郭林宗见到以为奇怪。他说:"甑已碎,顾之何益?"哲学家斯宾诺莎宁愿靠磨镜过活,不愿当大学教授,怕妨碍他的自由。王徽之居山阴,有一天夜雪初霁,月色清朗,忽然想起他的朋友戴逵,便乘小舟到剡溪去访他,刚到门口便把船划回去。他说:"乘兴而来,兴尽而返。"这几件事彼此相差很远,却都可以见出艺术家的豁达。伟大的人生和伟大的艺术都要同时并有严肃与豁达之胜。晋代清流大半只知豁达而不知道严肃,宋朝理学又大半只知道严肃而不知道豁达。陶渊明和杜子美庶几算得恰到好处。

一篇生命史就是一种作品,从伦理的观点看,它有善恶的分别,从艺术的观点看,它有美丑的分别。善恶与美丑的关系究竟如何呢?

就狭义说，伦理的价值是实用的，美感的价值是超实用的；伦理的活动都是有所为而为，美感的活动则是无所为而为。比如仁义忠信等等都是善，问它们何以为善，我们不能不着眼到人群的幸福。美之所以为美，则全在美的形象本身，不在它对于人群的效用（这并不是说它对于人群没有效用）。假如世界上只有一个人，他就不能有道德的活动，因为有父子才有慈孝可言，有朋友才有信义可言。但是这个想象的孤零零的人还可以有艺术的活动，他还可以欣赏他所居的世界，他还可以创造作品。善有所赖而美无所赖，善的价值是"外在的"，美的价值是"内在的"。

不过这种分别究竟是狭义的。就广义说，善就是一种美，恶就是一种丑。因为伦理的活动也可以引起美感上的欣赏与嫌恶。希腊大哲学家柏拉图和亚里士多德讨论伦理问题时都以为善有等级，一般的善虽只有外在的价值，而"至高的善"则有内在的价值。这所谓"至高的善"究竟是什么呢？柏拉图和亚里士多德本来是一走理想主义的极端，一走经验主义的极端，但是对于这个问题，意见却一致。他们都以为"至高的善"在"无所为而为的玩索"（disinterested contemplation）。这种见解在西方哲学思潮上影响极大，斯宾诺莎、黑格尔、叔本华的学说都可以参证。从此可以知西方哲人心目中的"至高的善"还是一种美，最高的伦理的活动还是一种艺术的活动了。

"无所为而为的玩索"何以看成"至高的善"呢？这个问题涉及西方哲人对于神的观念。从耶稣教盛行之后，神才是一个大慈大悲的道德家。在希腊哲人以及近代莱布尼兹、尼采、叔本华诸人的心目中，神却是一个大艺术家，他创造这个宇宙出来，全是为着自己要创造，要欣赏。其实这种见解也并不减低神的身份。耶稣教的神只是一班穷叫化子中的一个肯施舍的财主佬，而一般哲人心中的神，则是以宇宙为乐曲而要在这种乐曲之中见出和谐的音乐家。这两种观念究竟是哪一个伟大呢？在西方哲人想，神只是一片精灵，他的活动绝对自由而不受限制，至于人则为肉体的需要所限制而不能绝对自由。人愈能脱肉体需求的限制而作自由活动，则离神亦愈近。"无所为而为的玩索"是唯一的自由活动，所以成为最上的理想。

这番话似乎有些玄渺，在这里本来不应说及。不过无论你相信不相信，有许多思想却值得当作一个意象悬在心眼前来玩味玩味。我自己在闲暇时也欢喜看看哲学书籍。老实说，我对于许多哲学家的话都很怀疑，但是我觉得他们有趣。我以为穷到究竟，一切哲学系统也都只能当作艺术作品去看。哲学和科学穷到极境，都是要满足求知的欲望。每个哲学家和科学家对于他自己所见到的一点真理（无论它究竟是不是真理）都觉得有趣味，都用一股热忱去欣赏它。真理在离开实用而成为情趣中心时就已经是美感的对象了。"地球绕日运行"，"勾方加股方等于弦方"一类的科学事实，和《密罗斯爱神》或《第九交响曲》一样可以摄魂震魄。科学家去寻求这一类的事实，穷到究竟，也正因为它们可以摄魂震魄。所以科学的活动也还是一种艺术的活动，不但善与美是一体,真与美也并没有隔阂。

艺术是情趣的活动,艺术的生活也就是情趣丰富的生活。人可以分为两种,一种是情趣丰富的,对于许多事物都觉得有趣味,而且到处寻求享受这种趣味。一种是情趣干枯的,对于许多事物都觉得没有趣味,也不去寻求趣味,只终日拼命和蝇蛆在一起争温饱。后者是俗人,前者就是艺术家。情趣愈丰富,生活也愈美满,所谓人生的艺术化就是人生的情趣化。

"觉得有趣味"就是欣赏。你是否知道生活,就看你对于许多事物能否欣赏。欣赏也就是"无所为而为的玩索"。在欣赏时人和神仙一样自由,一样有福。

阿尔卑斯山谷中有一条大汽车路,两旁景物极美,路上插着一个标语牌劝告游人说:"慢慢走,欣赏啊!"许多人在这车如流水马如龙的世界过活,恰如在阿尔卑斯山谷中乘汽车兜风,匆匆忙忙地急驰而过,无暇一回首流连风景,于是这丰富华丽的世界便成为一个了无生趣的囚牢。这是一件多么可惋惜的事啊!

朋友,在告别之前,我采用阿尔卑斯山路上的标语,在中国人告别习用语之下加上三个字奉赠:

"慢慢走,欣赏啊!"

光潜
1932年夏,莱茵河畔。

这也是生活 / 鲁迅

> 其实,战士的日常生活,是并不全部可歌可泣的,然而又无不和可歌可泣之部相关联,这才是实际上的战士。

这也是病中的事情。

有一些事,健康者或病人是不觉得的,也许遇不到,也许太微细。到得大病初愈,就会经验到;在我,则疲劳之可怕和休息之舒适,就是两个好例子。我先前往往自负,从来不知道所谓疲劳。书桌面前有一把圆椅,坐着写字或用心的看书,是工作;旁边有一把藤躺椅,靠着谈天或随意的看报,便是休息;觉得两者并无很大的不同,而且往往以此自负。现在才知道是不对的,所以并无大不同者,乃是因为并未疲劳,也就是并未出力工作的缘故。

我有一个亲戚的孩子,高中毕了业,却只好到袜厂里去做学徒,心情已经很不快活的了,而工作又很繁重,几乎一年到头,并无休息。他是好高的,不肯偷懒,支持了一年多。有一天,忽然坐倒了,对他的哥哥道:"我一点力气也没有了。"

他从此就站不起来,送回家里,躺着,不想饮食,不想动弹,不想言语,请了耶稣教堂的医生来看,说是全体什么病也没有,然而全体都疲乏了。也没有什么法子治。自然,连接而来的是静静的死。我也曾经有过两天这样的情形,但原因不同,他是做乏,我是病乏的。我的确什么欲望也没有,似乎一切都和我不相干,所有举动都是多事,我没有想到死,但也没有觉得生;这就是所谓"无欲望状态",是死亡的第一步。曾有爱我者因此暗中下泪;然而我有转机了,我要喝一点汤水,我有时也看看四近的东西,如墙壁,苍蝇之类,此后才能觉得疲劳,才需要休息。

象心纵意的躺倒,四肢一伸,大声打一个呵欠,又将全体放在适宜的位置上,然后弛懈了一切用力之点,这真是一种大享乐。在我是从来未曾享受过的。我想,强壮的,或者有福的人,恐怕也未曾享受过。

记得前年,也在病后,做了一篇《病后杂谈》,共五节,投给《文学》,但后四节无法发表,印出来只剩了头一节了。虽然文章前面明明有一个"一"字,此后突然而止,并无"二""三",仔细一想是就会觉得古怪的,但这不能要求于每一位读者,甚而至于不能希望于批评家。于是有人据这一节,下我断语道:"鲁迅是赞成生病的。"现在也许暂免这种灾难了,但我还不如先在这里声明一下:"我的话到这里还没有完。"

有了转机之后四五天的夜里,我醒来了,喊醒了广平。

"给我喝一点水。并且去开开电灯,给我看来看去的看一下。"

"为什么?……"她的声音有些惊慌,大约是以为我在讲昏话。

"因为我要过活。你懂得么?这也是生活呀。我要看来看去的看一下。"

"哦……"她走起来,给我喝了几口茶,徘徊了一下,又轻轻的躺下了,不去开电灯。

我知道她没有懂得我的话。

街灯的光穿窗而入,屋子里显出微明,我大略一看,熟识的墙壁,壁端的棱线,熟识的书堆,堆边的未订的画集,外面的进行着的夜,无穷的远方,无数的人们,都和我有关。我存在着,我在生活,我将生活下去,我开始觉得自己更切实了,我有动作的欲望——但不久我又坠入了睡眠。

第二天早晨在日光中一看,果然,熟识的墙壁,熟识的书堆……这些,在平时,我也时常看它们的,其实是算作一种休息。但我们一向轻视这等事,纵使也是生活中的一片,却排在喝茶搔痒之下,或者简直不算一回事。我们所注意的是特别的精华,毫不在枝叶。给名人作传的人，也大抵一味铺张其特点，李白怎样做诗，怎样耍颠，拿破仑怎样打仗，怎样不睡觉，却不说他们怎样不耍颠，要睡觉。其实，一生中专门耍颠或不睡觉，是一定活不下去的，人之有时能耍颠和不睡觉，就因为倒是有时不耍颠和也睡觉的缘故。然而人们以为这些平凡的都是生活的渣滓，一看也不看。

于是所见的人或事，就如盲人摸象，摸着了脚，即以为象的样子像柱子。中国古人，常欲得其"全"，就是制妇女用的"乌鸡白凤丸"，也将全鸡连毛血都收在丸药里，方法固然可笑，主意却是不错的。

删夷枝叶的人，决定得不到花果。

为了不给我开电灯，我对于广平很不满，见人即加以攻击；到得自己能走动了，就去一翻她所看的刊物，果然，在我卧病期中，全是精华的刊物已经出得不少了，有些东西，后面虽然仍旧是"美容妙法"，"古木发光"，或者"尼姑之秘密"，但第一面却总有一点激昂慷慨的文章。作文已经有了"最中心之主题"：连义和拳时代和德国统帅瓦德西睡了一些时候的赛金花，也早已封为九天护国娘娘了。尤可惊服的是先前用《御香缥缈录》，把清朝的宫廷讲得津津有味的《申报》上的《春秋》，也已经时而大有不同，有一天竟在卷端的《点滴》里，教人当吃西瓜时，也该想到我们土地的被割碎，像这西瓜一样。自然，这是无时无地无事而不爱国,无可訾议的。但倘使我一面这样想,一面吃西瓜,我恐怕一定咽不下去,即使用劲咽下,也难免不能消化,在肚子里咕咚的响它好半天。这也未必是因为我病后神经衰弱的缘故。我想,倘若用西瓜作比,讲过国耻讲义,却立刻又会高高兴兴的把这西瓜吃下,成为血肉的营养的人,这人恐怕是有些麻木。对他无论讲什么讲义,都是毫无功效的。

我没有当过义勇军,说不确切。但自己问:战士如吃西瓜,是否大抵有一面吃,一面想的仪式的呢?我想:未必有的。他大概只觉得口渴,要吃,味道好,却并不想到此外任何好听的大道理。吃过西瓜,精神一振,战斗起来就和喉干舌敝时候不同,所以吃西瓜和抗敌的确有关系,但和应该怎样想的上海设定的战略,却是不相干。这样整天哭丧着脸去吃喝,不多久,胃口就倒了,还抗什么敌。

然而人往往喜欢说得稀奇古怪,连一个西瓜也不肯主张平平常常的吃下去。其实,战士的日常生活,是并不全部可歌可泣的,然而又无不和可歌可泣之部相关联,这才是实际上的战士。

下编 论「死」

病

  弱者才需要同情,同情要在人弱时施给,才能容易使人认识那份同情,一个人病得吃东西都需要喂的时候,如果有人来探视,那一点同情就像甘露滴在干土上一般,立刻被吸收了进去。病人会觉得人类当中彼此还有联系,人对人究竟比兽对人要温和得多。

——梁实秋

病 / 梁实秋

> 人在大病时，人生观都要改变。

鲁迅曾幻想到吐半口血扶两个丫鬟到阶前看秋海棠，以为那是雅事。其实天下雅事尽多，惟有生病不能算雅。没有福分扶丫鬟看秋海棠的人，当然觉得那是可羡的，但是加上"吐半口血"这样一个条件，那可羡的情形也就不怎样可羡，似乎还不如独自一个硬硬朗朗到菜圃看一畦萝卜白菜。

最近看见有人写文章，女人怀孕写做"生理变态"，我觉得这人倒有点"心理变态"。病才是生理变态。病人的一张脸就够瞧的，有的黄得像讣闻纸，有的青得像新出土的古铜器，比髑髅多一张皮，比面具多几个眨眼。病是变态，由活人变成死人的一条必经之路。因为病是变态，所以病是丑的。西子捧心蹙颦，人以为美，我想这也是私人癖好，想想海上还有逐臭之夫，这也就不足为奇。

我由于一场病,在医院住了很久。我觉得我们中国人最不适宜于住医院。在不病的时候,每个人在家里都可以做土皇帝,佣仆不消说是用钱雇来的奴隶,妻子只是供膳宿的奴隶,父母是志愿的奴隶,平日养尊处优惯了,一旦他老人家欠安违和,抬进医院,恨不得把整个的家(连厨房在内)都搬进去!病人到了医院,就好像是到了自己的别墅似的,忽而买西瓜,忽而冲藕粉,忽而打洗脸水,忽而灌暖水壶。与其说医院家庭化,毋宁说医院旅馆化,最像旅馆的一点,便是人声嘈杂,四号病人快要咽气,这并不妨碍五号病房的客人的高谈阔论;六号病人刚吞下两包安眠药,这也不能阻止七号病房里扯着嗓子喊黄嫂。医院是生与死的决斗场,呻吟号啕以及欢呼叫嚣之声,当然都是人情之所不能已,圣人弗禁:所苦者是把医院当做养病之所的人。

但是有一次我对于我隔壁病房所发的声音,是能加以原谅的。是夜半,是女人声音,先是摇铃随后是喊"小姐",然后一声铃间一声喊,由元板到流水板,愈来愈促,愈来愈高,我想医院里的人除了住了太平间的之外大概谁都听到了,然而没有人送给她所要用的那件东西。呼声渐变成嗥声,情急渐变成哀恳,等到那件东西等因奉此的辗转送到时,已经过了时效,不复成为有用的了。

旧式讣闻喜用"寿终正寝"字样,不是没有道理的。在家里养病,除了病不容易治好之外,不会为病以外的事情着急。如果病重不治必须寿终，则寿终正寝是值得提出来傲人的一件事，表示死者死得舒服。

人在大病时，人生观都要改变。我在奄奄一息的时候，就感觉得人生无常，对一切不免要多加一些宽恕，例如对于一个冒领米贴的人，平时绝不稍予假借，但在自己连打几次强心针之后，再看着那个人贸贸然来，也就不禁心软，认为他究竟也还可以算做一个圆颅方趾的人。鲁迅死前遗言"不饶恕人，也不求人饶恕。"那种态度当然也可备一格。不似鲁迅那般伟大的人，便在体力不济时和人类容易妥协。我僵卧了许多天之后，看着每个人都有人性，觉得这世界还是可留恋的。不过我在体温脉搏都快恢复正常时，又故态复萌，眼睛里揉不进沙子了。

弱者才需要同情，同情要在人弱时施给，才能容易使人认识那份同情，一个人病得吃东西都需要喂的时候，如果有人来探视，那一点同情就像甘露滴在干土上一般，立刻被吸收了进去。病人会觉得人类当中彼此还有联系，人对人究竟比兽对人要温和得多。不过探视病人是一种艺术，和新闻记者的访问不同，和吊丧又不同，我最近一次病，病情相当曲折，叙述起来要半小时，如用欧化语体来说半小时还不够。而来看我的人是如此诚恳，问起我的病状便不能不详为报告，而讲述到三十次以上时，便感觉像一位老教授年年在讲台上开话匣片子那样单调而且惭愧。我的办法是，对于远路来的人我讲得要稍微扩大一些，而且要强调病的危险，为的是叫他感觉此行不虚,不使过于失望。对于邻近的朋友们则不免一切从简诸希矜宥!有些异常热心的人,如果不给我一点什么帮助,一定不肯走开,即使走开也一定不会愉快,我为使他愉快起见,口虽不渴也要请他倒过一杯水来,自己做"扶起娇无力"状。有些道貌岸然的朋友,看见我就要脱离苦海,不免悟出许多佛门大道理,脸上愈发严重,一言不发,愁眉苦脸,对于这朋友我将来特别要借重,因为我想他于探病之处还适于守尸。

谈青年的心理病态 / 朱光潜

> 对自己没有勇气负责的人在任何优越环境之下，都不会有大成就。对自己负责任，是一切向上心的出发点。

这题目是一位青年读者提议要我谈的。他的这个提议似显示青年们自己感觉到他们在心理上有毛病。这毛病究竟何在，是怎样酝酿成的，最好由青年们自己做一个虚心的检讨。我是一个中年人，和青年人已隔着一层，现时代和我当青年的时代也迥然有别，不能全据私人追忆到的经验，刻舟求剑似的去臆测目前的事实。我现在所谈的大半根据在教书任职时的观察，观察有时不尽可据，而且我的观察范围限于大学生。我希望青年读者们拿这旁观者的分析和他们自己的自我检讨比较，并让我知道比较的结果。这于他们自己有益，于我更有益。

一个人的性格形成，大半固靠自己的努力，环境的影响也不可一笔抹杀。"豪杰之士虽无文王犹兴",但是多数人并非豪杰之士,就不能不有所凭借。很显然地,现时一般青年所可凭借的实太薄弱。他们所走的并非玫瑰之路。

先说家庭。多数青年一入学校,便与家庭隔绝,尤其是来自沦陷区域的。在情感上他们得不到家庭的温慰。抗战期中一般人都感受经济的压迫,衣食且成问题,何况资遣子弟受教育。在经济上他们得不到家庭的援助。父兄既远隔,又各各为生计所迫,终日奔波劳碌,既送子弟入学校,就把一切委托给学校,自己全不去管。在学业品行上他们得不到家庭的督导。这些还只是消极的,有些人能受到家庭影响的,所受的往往是恶影响。父兄把教育子弟当作一种投资,让他们混资格去谋衣食,子弟有时顺承这个意旨,只把学校当作进身之阶,此其一。父兄有时是贪官污吏或土豪劣绅,自己有许多恶习,让子弟也染着这些恶习,此其二。中国家庭向来是多纠纷,而这种纠纷对于青年人常是隐痛,易形成心理的变态,此其三。

次说社会国家。中国社会正当新旧交替之际,过去封建时代的许多积弊恶习还没有涤除净尽,贪污腐败欺诈凌虐的事情处处都有。青年人心理单纯,对于复杂的社会不能了解。他们凭自己的单纯心理,建造一种难于立即实现的社会理想,而事实却往往与这理想背驰,他们处处感觉到碰壁,于是失望、惊疑、悲观等情绪源源而来。其次,青年人富于感受性,少定见,好言是非而却不真能辨别是非,常轻随流俗转移,有如素丝,染于青则青,染于黄则黄。社会既腐浊，他们就不知不觉地跟着它腐浊。总之，目前环境对于纯洁的青年是一种恶性刺激，对于意志薄弱的青年是一种恶性引诱。加以国家处在危难的局面，青年人心里抱着极大的希望，也怀着极深的忧惧。他们缺乏冷静的自信，任一股热情鼓荡，容易提升到高天，也容易降落到深渊。一个人叠次经过这种虐疫式的暖冷夹攻，自然容易变成虚弱，在身体方面如此，在精神方面也如此。

再次说学校。教育必以发展全人为宗旨，德育、智育、美育、群育、体育五项应同时注重。就目前实际状况说，德育在一般学校等于具文，师生的精力都集中于上课，专图授受知识，对于做人的道理全不讲究。优秀青年感觉到这方面的缺乏而彷徨，顽劣青年则放纵恣肆，毫无拘束。即退一步言智育，途径亦多错误，灌输多于启发，浅尝多于深入，模仿多于创造，揣摩风气多于效忠学术。在抗战期中，师资与设备多因陋就简，研究的空气尤不易提高。向学心切者感觉饥荒，凡庸者敷衍混资格。美育的重要不但在事实上被忽略，即在理论上亦未充分了解。我国先民在文艺上造就本极优越，而子孙数典忘祖，有极珍贵的文艺作品而不知欣赏，从事艺术创作者更寥寥。大家都迷于浅狭的功利主义，对文艺不下功夫，结果乃有情操驳杂、趣味卑劣、生活干枯、心灵无寄托等种种现象。群育是吾国人向来缺乏的，现代学校教育对此亦毫无补救。一般学校都没有社会生活，教师与学生相视如路人，同学彼此也相视如路人。世间大概没有比中国大学教授与学生更孤僻更寂寞的一群动物了。体育的忽略也不自今日始，有些学生们还在鄙视运动，黄皮刮瘦几乎是知识阶级的标志。抗战中忽略运动之外又添上缺乏营养。我常去参观学生吃饭，七八人一席只有一两碗无油的蔬菜，有时甚至只有白饭。吃苦本是好事，亏损虚弱却不是好事。青年人正当发育时期，日复一日年复一年地缺乏最低限度的营养，结果只有亏损虚弱，甚至疾病死亡。心理的毛病往往起于生理的毛病，生理的损耗必酿成心理的损耗。这问题有关民族的生命力，凡是远见的教育家政治家都不应忽视。

家庭、社会、国家和学校对于青年人的影响如上所述。在这种情形之下：青年人在心理方面发生下列几种不健康的感觉。

第一是压迫感觉。青年人当生气旺盛的时候，有如春日的草木萌芽，需要伸展与生长，而伸展与生长需要自由的园地与丰富的滋养。如果他们像墙角生出来的草木，上面有沉重的砖石压着，得不着阳光与空气，他们只得黄瘦萎谢，纵然偶尔能费力支撑，破石礶而出，也必变成臃肿蜷曲，不中绳墨。不幸得很，现代许多青年都恰在这种状况之下出死力支撑层层重压。家庭对于子弟上进的企图有时做不合理的阻挠，社会对于勤劳的报酬不尽有保障，国家为着政策有时须限制思想与言论的自由，学校不能使天赋的聪明与精力得充分发展，国家前途与世界政局常纠缠不清，强权常歪曲公理。这一切对于青年人都是沉重的压迫，此外又加上经济的艰窘，课程的繁重，营养缺乏所酿成的体质羸弱，真所谓"双肩上公仇私仇,满腔儿家忧国忧"。一个人究竟有几多力量,能支撑这层层重压呢?撑不起,却也推不翻,于是都积成一个重载,压在心头。

第二是寂寞感觉。人是富于情感的动物。人也是群居的动物,所以人需要同类的同情心最为剧烈。哲学家和宗教家抓住这一点,所以都以仁爱立教。他们知道人类只有在仁爱中才能得到真正幸福。青年人血气方刚,同情的需要比中年人与老年人更为迫切。我们已经说过,现代中国青年不常能得到家庭的温慰,在学校里又缺乏社会生活,他们终日独行踽踽,举目无亲,人生最强烈的要求不能得到最低限度的满足,他们心里如何快乐得起来呢?这里所谓"同情心"包含异性的爱在内。男女中间除着人类同情心的普遍需要之外,又加上性爱的成分,所以情谊一旦投合,便特别坚强。这是一个极自然的现象,不容教育家们闭着眼睛否认或推翻。我们所应该留意的是施以适当教育,因势利导,纳于正轨,不使其泛滥横流。这些年来我们都在采男女同学制,而对于男女同学所有的问题未加精密研究,更未予以正确指导。结果男女中间不是毫无来往,便是偷偷摸摸地来往。毫无来往的似居多数,彼此摆在面前,徒增一种刺激。许多青年人的寂寞感觉,细经分析起来,大半起于异性中缺乏合理而又合体的交际。

第三是空虚感觉。"自然厌恶空虚",这个古老的自然律可应用于物质,也可应用于心灵。空虚的反面是充实,是丰富。

人生要充实丰富，必须有多方的兴趣与多方的活动。一个在道德、学问、艺术或事业方面有浓厚兴趣的人，自然能在其中发现至乐，绝不会感觉到人生的空虚。宋儒教人心地常有"源头活水"，此心须常是"活泼泼的"。又教人玩味颜子在箪食瓢饮的情况之下"所乐何事"，用意都在使内心生活充实丰富。据近代一般心理学家的见解，艺术对于充实内心生活的功用尤大，因为它帮助人在事事物物中都可发现乐趣。观照就是欣赏，而欣赏就是快乐。现在一般青年人对学术既无浓厚兴趣，对艺术及其他活动更漠不置意，生活异常干枯贫乏，所以常感到人生空虚。此外又加上述的压迫与寂寞，使他们追问到人生究竟，而他们的单纯头脑所能想出的回答就是"空虚"。他们由自己个人的生活空虚推论到一般人生的空虚，犯着逻辑学家所谓"以偏概全"的错误。个人生活的空虚往往是事实，至于一般人生是否空虚则大有问题，至少历史上许多伟大人物不这么想。

　　以上所说的三种不健康的感觉都有几分是心病，但是它们所产生的后果更为严重。在感觉压迫、寂寞和空虚中，青年人始而彷徨，身临难关而找不着出路，踌躇不知所措；继而烦闷，仿佛以为家庭、社会、国家、学校以至于造物主，都有意在和他们为难，不让他们有一件顺心事，于是对一切生厌恶，动辄忧郁、烦躁、苦闷；继而颓唐麻木，经不起一再挫折，逐渐失去辨别是非的敏感与向上的意志，随世俗苟且敷衍，以"世故"为智慧，视腐浊为人情之常。彷徨犹可抉择正路，烦闷犹可力求正路，到了颓唐麻木，就势必至于堕落，无可救药了。我不敢说现在多数青年都已到了颓唐麻木的阶段，但是我相信他们都在彷徨烦闷，如果不及早振作，离颓唐麻木也就不远了。总之，我感觉到现在青年人大半缺乏青年人所应有的朝气，对一切缺乏真正的兴趣和浓厚的热情。他们的志向大半很小，在学校只求敷衍毕业，以后找一个比较优裕的差缺，姑求饱暖舒适，就混过这一生。自然也偶尔遇着少数的例外，但少数例外优秀的青年势孤力薄，不能造成一种风气。现时代的青年，就他所表现的精神而论，绝不能担当起现时代的艰巨任务。这是有心人不能不为之忧惧的。

这种现状究竟如何救济呢？照以上的分析，病的成因远在家庭社会国家与学校所给的不良的影响，近在青年人自己承受这影响而起的几种不健康的感觉。治本的办法当然是改良环境的影响，尤其是学校教育。这要牵涉许多问题，非本文所能详谈。这里我只向青年人说话，说的话限于在我想是他们可以受用的，就是他们如何医治自己，拯救自己。

第一，青年人对于自己应有勇气负起责任。我们旁观者分析青年人的心理性格，把环境影响当作一个重要的成因，是科学家所应有的平正态度。但是我们也必须补充一句，环境影响并非唯一的决定因素，世间有许多人所受的环境影响几乎完全相同而成就却有天渊之别，这就是证明个人的努力可以胜过环境的影响。青年们自己不应该把自己的失败完全推诿到环境影响，如果这样办，那就是对自己不负责任，为自己不努力去找借口。我们旁观者固不能以豪杰之士期待一切青年，但是每一个青年自己却不应只以庸碌人自期待。旁人在同样环境之下所能达到的成就，他如果达不到，他就应自引以为耻。对自己没有勇气负责的人在任何优越环境之下，都不会有大成就。对自己负责任，是一切向上心的出发点。

　　第二，青年人应知实事求是，接受当前事实而谋应付，不假想在另一环境中自己如何可以显大本领，也不把自己现在不能显本领的过失推诿到现实环境。自己所处的是甲境，应付不好，聊自宽解说："如果在乙境，我必能应付好。"这是"文不对题"，仍是变态心理的表现。举个具体的例：问一位青年人为什么不努力做学问，他回答说："教员不好，图书不够，饭没有吃饱。"这样一来，他就把责任推诿得干干净净了。他应该知道，教员不好，图书不够，饭没有吃饱，这些都是事实，他须接受这些事实去应付。如果能设法把教员换好，图书买够，饭吃饱，那固然再好没有；如果这些一时为事实所不允许，他就得在教员不好，图书不够，饭没有吃饱的事实条件之下，研究一个办法，看如何仍可读书做学问。他如果以为这样的事实条件不让他能读书做学问，那就是承认自己的失败；如果只假想在另一套事实条件之下才读书做学问，那就是逃避事实而又逃避责任。

　　第三，青年人应明了自己的心病须靠自己努力去医治。法国有一位心理学家——库维——发明一种自治疗术，叫作"自暗示"。依这个方法，一个人如果有什么毛病，只要自己常专心存着自己必定好的念头，天天只朝好处想，绝不能朝坏处想，不久他自会痊愈，他实验过许多病人，无论所患的是生理方面的或是心理方面的病，都特著奇效。他的实验可证明自信对于一个人的心理影响非常之大。自信是一个不幸的人，就随时随地碰上不幸事，自信是一个勇敢的人，世间便无不可征服的困难。许多青年人所缺乏的正是自信心。没有自信心就没有勇气，困难还没有临头就自认失败。

比如，上文所说的三种不健康的感觉，都并非绝对不可避免的。如果能接受事实，有勇气对自己负责任，尽其在我，不计成败，则压迫感觉不至发生。每个人都需要同情，如果每个人都肯拿一点同情出来对付四周的人，则大家互有群居之乐，寂寞感觉不至发生。人生来需要多方活动，精力可发泄，心灵有寄托，兴趣到处泉涌，则生活自丰富，空虚感觉不至发生。这些事都不难做到，一般青年人所以不能做到者，原因就在没有自信，缺乏勇气，不肯努力。

重病之时 / 史铁生

> 重病之时整天是梦。梦见熟悉的人,熟悉的往事,也梦见陌生的人,和完全陌生的景物。

重病之时,有几行诗样的文字清晰地走进过我的昏睡:

最后的练习是沿悬崖行走
梦里我听见,灵魂
像一只飞蛇
在窗户那儿嗡嗡作响
在颤动的阳光里,边舞边唱
眺望就是回想。

重病之时整天是梦。梦见熟悉的人,熟悉的往事,也梦见陌生的人，和完全陌生的景物。偶尔醒来，窗外是无边的暗夜，是恍惚的晴空，是心里的怀疑：

> 谁说我没有死过？
> 出生以前，太阳
> 已无数次起落
> 悠久的时光被悠久的虚无吞并
> 又以我生日的名义
> 卷土重来。

重病之时，寒冷的冬天里有过一个奇迹——我在梦中学会了一支歌。梦中，一群男孩和女孩齐声地唱：生生露生雪，生生雪生水，我们友谊，幸福长存。莫名其妙的歌词，闻所未闻的曲调，醒来竟还会唱，现在也还会。那些孩子，有我认识的，也有的我从未见过，他们就站在我儿时的那个院子里，轻轻地唱，轻轻地摇，四周虚暗，瑞雪霏霏。

这奇妙的歌，不知是何征兆。

懂些医道的人说好——"生生"，是说你还要活下去："生水"嘛，肾主水，你不是肾坏了吗？那是说你的生命之水枯而未竭，或可再度丰沛。

是吗？不有些牵强？

不过，我更满意后两句：我们友谊，幸福长存。

那群如真似幻的孩子，在我昏黑的梦里翩然不去。那清明畅朗的童歌，确如生命之水，在我僵冷的身体里悠然荡漾。

妻子没日没夜地守护着我：任何时候睁开眼，都见她在我身旁。我看她，也像那群孩子中的一个。

我说："这一回，恐怕真是要结束了。"

她说："不会。"

我真的又活过来。太阳重又真实。昼夜更迭，重又确凿。我把梦里的情景告诉妻子，她反倒脆弱起来，待我把那支歌唱给她听，她已是泪水涟涟。

我又能摇着轮椅出去了，走上阳台，走到院子里，在早春的午后，把那几行梦中的诗句补全：

　　午后，如果阳光静寂
　　你是否能听出
　　往日已归去哪里？
　　在光的前端，或思之极处
　　在时间被忽略的存在之中
　　生死同一。

人生之最后

我们的老祖宗朱熹有句名言:"半亩方塘一鉴开,天光云影共徘徊;问渠那得清如许,为有源头活水来。"关键在这"源头活水",活水是生机的源泉,有了它就可以防环境污染,使头脑常醒和不断地更新。这就要多接触社会,多接近群众,多读书看报。一句话,要"放眼世界",不断地吸取精神营养!

——季羡林

老年谈老 / 季羡林

> 纵浪大化中,不喜亦不惧。

老年谈老,就在眼前,然而谈何容易!

原因何在呢?原因就在,自己有时候承认老,有时候又不承认,真不知道从何处谈起。

记得很多年以前,自己还不到六十岁的时候,有人称我为"季老",心中颇有反感,应之逆耳,不应又不礼貌,左右两难,极为尴尬。然而曾几何时,在不知不觉中,渐渐地听得入耳了,有时甚至还有点甜蜜感。自己吃了一惊:原来自己真是老了,而且也承认老了。至于这个大转变是从什么时候开始的,自己有点茫然懵然,我正在推敲而且研究。

不管怎样,一个人承认老是并不容易的。我的一位九十岁出头的老师有一天对我说,他还不觉得老,其他可知了。我认为,在这里关键是一个"渐"字。若干年前，我读过丰子恺先生一篇含有浓厚哲理的散文，讲的就是这个"渐"字。这个字有大神通力，它在人生中的作用绝不能低估。人们有了忧愁痛苦，如果不渐渐地淡化，则一定会活不下去的。人们逢到极大的喜事，如果不渐渐地恢复平静，则必然会忘乎所以，高兴得发狂。人们进入老境，也是逐渐感觉到的。能够感觉到老，其妙无穷。人们渐渐地觉得老了，从积极方面来讲，它能够提醒你：一个人的岁月绝不是取之不尽用之不竭的，应该抓紧时间，把想做的事情做完、做好，免得无常一到，后悔无及。从消极方面来讲，一想到自己的年龄，那些血气方刚时干的勾当就不应该再去硬干。个别喜欢争名于朝、争利于市的人，或许也能收敛一点。老之为用大矣哉！

　　我自己是怎样对待老年呢？说来也颇为简单。我虽年届耄耋，内部零件也并不都非常健全；但是我处之泰然，我认为，人上了年纪，有点这样那样的病，是合乎自然规律的，用不着大惊小怪。如果年老了，硬是一点病都没有，人人活上二三百岁甚至更长的时间，那么今日狂呼"老龄社会"者，恐怕连嗓子也会喊哑，而且吓得浑身发抖，连地球也会被压塌的。我不想做长生的梦。我对老年，甚至对人生的态度是道家的。我信奉陶渊明的两句诗：

　　　　纵浪大化中，

不喜亦不惧。

这就是我对待老年的态度。

看到我已经有了一把子年纪，好多人都问我：有没有什么长寿秘诀。我的答复是：我的秘诀就是没有秘诀，或者不要秘诀。我常常看到有一些相信秘诀的人，禁忌多如牛毛。这也不敢吃，那也不敢尝，比如，吃鸡蛋只吃蛋清，不吃蛋黄，因为据说蛋黄胆固醇高；动物内脏绝不入口，同样因为胆固醇高。有的人吃一个苹果要消三次毒，然后削皮；削皮用的刀子还要消毒，不在话下；削了皮以后，还要消一次毒，此时苹果已经毫无苹果味道，只剩下消毒药水味了。从前有一位化学系的教授，吃饭要仔细计算卡路里的数量，再计算维生素的数量，吃一顿饭用的数学公式之多等于一次实验。结果怎样呢？结果每月饭费超过别人10倍，而人却瘦成一只干巴鸡。一个人到了这个地步，还有什么人生之乐呢？如果再戴上放大百倍的显微镜眼镜，则所见者无非细菌，试问他还能活下去吗？

至于我自己呢，我绝不这样做，我一无时间，二无兴趣。凡是我觉得好吃的东西我就吃，不好吃的我就不吃，或者少吃，卡路里维生素统统见鬼去吧。心里没有负担，胃口自然就好，吃进去的东西都能很好地消化。再辅之以腿勤、手勤、脑勤，自然百病不生了。脑勤我认为尤其重要。如果非要让我讲出一个秘诀不行的话，那么我的秘诀就是：千万不要让脑筋懒惰，脑筋要永远不停地思考问题。

我已年届耄耋,但是,专就北京大学而论,倚老卖老,我还没有资格。在教授中,按年龄排队,我恐怕还要排到二十多位以后。我幻想眼前有一个按年龄顺序排列的向八宝山进军的北大教授队伍。我后面的人当然很多。但是向前看,我还算不上排头,心里颇得安慰,并不着急。可是偏有一些排在我后面的比我年轻的人,风风火火,抢在我前面,越过排头,登上山去。我心里实在非常惋惜,又有点怪他们,今天我国的平均寿命已经超过70岁,比解放前增加了一倍,你们正在精力旺盛时期,为国效力,正是好时机,为什么非要抢先登山不行呢?这我无法阻拦,恐怕也非本人所愿。不过我已下定决心,绝不抢先加塞。

不抢先加塞活下去目的何在呢?要干些什么事呢?我一向有一个自己认为是正确的看法:人吃饭是为了活着,但活着却不是为了吃饭。到了晚年,更是如此。我还有一些工作要做,这些工作对人民对祖国都还是有利的,不管这个"利"是大是小。我要把这些工作做完,同时还要再给国家培养一些人才。我仍然要老老实实干活,清清白白做人;绝不干对不起祖国和人民的事;要尽量多为别人着想,少考虑自己的得失。人过了八十,金钱富贵等同浮云,要多为下一代操心,少考虑个人名利,写文章绝不剽窃抄袭,欺世盗名。等到非走不行的时候,就顺其自然,坦然离去,无愧于个人良心,则吾愿足矣。

要说的话已经说完,但是我还想借这个机会发点牢骚。我在上面提到"老龄社会"这个词儿。这个概念我是懂得的,有一些措施我也是赞成的。什么干部年轻化,教师年轻化,我都举双手赞成。但是我对报纸上天天大声叫嚷"老龄社会",却有极大的反感。好像人一过六十就成了社会的包袱,成了阻碍社会进步的绊脚石,我看有点危言耸听,不知道用意何在。我自己已是老人,我也观察过许多别的老人。他们中游手好闲者有之,躺在医院里不能动的有之,天天提鸟笼持钓竿者有之,如此等等,不一而足。但这只是少数,并不是老人的全部。还有不少老人虽然已经寿登耄耋,年逾期颐,向着米寿甚至茶寿进军,但仍然勤勤恳恳,焚膏继晷,兀兀穷年,难道这样一些人也算是社会的包袱吗?我倒不一定赞成"姜是老的辣"这样一句话。年轻人朝气蓬勃,是我们未来希望之所在,让他们登上要津,是完全必要的。但是对老年人也不必天天絮絮叨叨,耳提面命:"你们已经老了!你们已经不行了!对老龄社会的形成你们不能辞其咎呀!"这样做有什么用处呢?随着生活的日益改善,人们的平均寿命还要提高,将来老年人在社会中所占的比例还要提高。即使你认为这是一件坏事,你也没有法子改变。听说从前钱玄同先生主张,人过四十一律枪毙。这只是愤激之辞,有人作诗讽刺他自己也活过了四十而照样活下去。我们有人老是为社会老龄化担忧,难道能把60岁以上的人统统赐自尽吗?老龄化同人口多不是一码事。担心人口爆炸,用计划生育的办法就能制止。老龄化是自然趋势,而且无法制止。既然无法制止，就不必瞎嚷，这是徒劳无益的。我总怀疑，"老龄化"这玩意儿也是从外国进口的舶来品。西方人有同我们不同的伦理概念。我们大可以不必东施效颦。质诸高明，以为如何？

牢骚发完，文章告终，过激之处，万望包容。

退休 / 梁实秋

> 理想的退休生活就是真正的退休,完全摆脱赖以糊口的职务,做自己衷心所愿意做的事。

退休的制度,我们古已有之。《礼记·曲礼》:"大夫七十而致事。"致事就是致仕,言致其所掌之事于君而告老,也就是我们如今所谓的退休。礼,应该遵守,不过也有人觉得未尝不可不遵守。"礼岂为我辈设哉?"尤其是七十的人,随心所欲不逾矩,好像是大可为所欲为。普通七十的人,多少总有些昏聩,不过也有不少得天独厚的幸运儿,耄耋之年依然矍铄,犹能开会剪彩,必欲令其退休,未免有违笃念勋耆之至意。年轻的一辈,劝你们稍安勿躁,棒子早晚会交出来,不要抱怨"我在,久压公等"也。

该退休而不退休。这种风气好像我们也是古已有之。白居易有一首诗《不致仕》：

> 七十而致仕，礼法有明文。
> 何乃贪荣者，斯言如不闻？
> 可怜八九十，齿堕双眸昏。
> 朝露贪名利，夕阳忧子孙。
> 挂冠顾翠緌，悬车惜朱轮。
> 金章腰不胜，伛偻入君门。
> 谁不爱富贵？谁不恋君恩？
> 年高须告老，名遂合退身。
> 少时共嗤诮，晚岁多因循。
> 贤哉汉二疏，彼独是何人？
> 寂寞东门路，无人继去尘！

汉朝的疏广及其兄子疏受位至太子太傅少傅，同时致仕，当时的"公卿大夫故人邑子，设祖道供张东都门外，送者车数百辆。辞决而去。道路观者皆曰：'贤哉二大夫！'或叹息为之下泣"。这就是白居易所谓的"汉二疏"。乞骸骨居然造成这样的轰动，可见这不是常见的事，常见的是"伛偻入君门"的"爱富贵""恋君恩"的人。白居易"无人继去尘"之叹，也说明了二疏的故事以后没有重演过。

从前读书人十载寒窗，所指望的就是有一朝能春风得意，纡青拖紫,那时节踌躇满志,纵然案牍劳形,以至于龙钟老朽,仍难免有恋栈之情,谁舍得随随便便地就挂冠悬车?真正老骥伏枥志在千里的人是少而又少的,大部分还不是舍不得放弃那五斗米,千钟禄,万石食?无官一身轻的道理是人人知道的,但是身轻之后,囊橐也跟着要轻,那就诸多不便了。何况一旦投闲置散,一呼百诺的烜赫的声势固然不可复得,甚至于进入了"出无车"的状态,变成了匹夫徒步之士,在街头巷尾低着头逡巡疾走不敢见人,那情形有多么惨。一向由庶务人员自动供应的冬季炭盆所需的白炭,四时陈设的花卉盆景,乃至于琐屑如卫生纸,不消说都要突告来源断绝,那又情何以堪?所以一个人要想致仕,不能不三思,三思之后恐怕还是一动不如一静了。

如今退休制度不限于仕宦一途,坐拥皋比的人到了粉笔屑快要塞满他的气管的时候也要引退。不一定是怕他春风风人之际忽然一口气上不来,是要他腾出位子给别人尝尝人之患的滋味。在一般人心目中,冷板凳本来没有什么可留恋的,平素吃不饱饿不死,但是申请退休的人一旦公开表明要撤绛帐,他的亲戚朋友又会一窝蜂地惶惶然、戚戚然,几乎要垂泣而道地劝告说他:"何必退休?你的头发还没有白多少,你的脊背还没有弯,你的两手也不哆嗦,你的两脚也还能走路……"言外之意好像是等到你头发全部雪白,腰弯得像是"?"一样,患上了帕金森症,走路就地擦,那时候再申请退休也还不迟。是的,是有人到了易箦之际,朋友们才急急忙忙地为他赶办退休手续,生怕公文尚在旅行而他老先生沉不住气，弄到无休可退，那就只好鼎惠恳辞了。更有一些知心的抱有远见的朋友们，会慷慨陈词："千万不可退休，退休之后的生活是一片空虚，那时候闲居无聊，闷得发慌，终日彷徨，悒悒寡欢。"把退休后生活形容得如此凄凉，不是没有原因的，因为平素上班是以"喝喝茶，签签到，聊聊天，看看报"为主，一旦失去喝茶签到聊天看报的场所，那是会要感觉无比的枯寂的。

理想的退休生活就是真正的退休，完全摆脱赖以糊口的职务，做自己衷心所愿意做的事。有人八十岁才开始学画，也有人五十岁才开始写小说，都有惊人的成就。"狗永远不会老得到了不能学新把戏的地步。"何以人而不如狗乎？退休不一定要远离尘嚣，遁迹山林，也无须大隐藏人海，杜门谢客——一个人真正地退休之后，门前自然车马稀。如果已经退休的人而还偶然被认为有剩余价值，那就苦了。

老而不僵 / 朱光潜

> 老化可能带来僵化,但老化并不等于僵化。

《中国老年》编辑部向我约稿,我愿借此机会,同老年朋友交换一些意见,谈谈我个人的看法。

我今年八十八岁了,一生都在学习和研究学术问题,特别是关于美学问题,写过不少论文。我认为,人到老年,就要注意健康和长寿。有了健康的身体,才能有健康的精神。

英国人说:"健康的精神寄托于健康的身体,"这的确是至理名言。健康的身体来自锻炼,我每日坚持慢跑、打太极拳、做气功。我第二次"解放"后,重操起旧业。我这才发现脑筋也和身体一样,愈锻炼,效率也就愈高。仅1979年一年内,我就写了十三万字的文稿,搞了近百万字的书稿清样。关于牛棚时的那种麻木白痴的状态也根本消失了。据此经验,我劝老年朋友，离休退休之后，总要找点事情干，使脑筋和身体一样经常处于锻炼状态。

  从锻炼成健康的身体中来锻炼出健康的精神，这是做一切工作所必须遵循的一条辩证唯物主义的准则。人总是要老的。老化和僵化都是生机贫弱的表现。要恢复生机，就要在身体上和精神上都保持健康状态。

  老化可能带来僵化，但老化并不等于僵化。思想僵化的病根是"坐井观天""画地为牢""固步自封"。我们要使自己老而不僵。怎样才能老而不僵？我们的老祖宗朱熹有句名言："半亩方塘一鉴开，天光云影共徘徊；问渠那得清如许，为有源头活水来。"关键在这"源头活水"，活水是生机的源泉，有了它就可以防环境污染，使头脑常醒和不断地更新。这就要多接触社会，多接近群众，多读书看报。一句话，要"放眼世界"，不断地吸取精神营养！

死后 / 鲁迅

> 假使一个人的死亡，只是运动神经的废灭，而知觉还在，那就比全死了更可怕。

我梦见自己死在道路上。

这是那里，我怎么到这里来，怎么死的，这些事我全不明白。总之，待到我自己知道已经死掉的时候，就已经死在那里了。

听到几声喜鹊叫，接着是一阵乌老鸦。空气很清爽——虽然也带些土气息，——大约正当黎明时候罢。我想睁开眼睛来，他却丝毫也不动，简直不像是我的眼睛；于是想抬手，也一样。

恐怖的利镞忽然穿透我的心了。在我生存时，曾经玩笑地设想：假使一个人的死亡，只是运动神经的废灭，而知觉还在，那就比全死了更可怕。谁知道我的预想竟的中了，我自己就在证实这预想。

听到脚步声，走路的罢。一辆独轮车从我的头边推过，大约是重载的，轧轧地叫得人心烦，还有些牙齿酸。很觉得满眼绯红，一定是太阳上来了。那么，我的脸是朝东的。但那都没有什么关系。切切嚓嚓的人声，看热闹的。他们踹起黄土来，飞进我的鼻孔，使我想打喷嚏了，但终于没有打，仅有想打的心。

陆陆续续地又是脚步声，都到近旁就停下，还有更多的低语声：看的人多起来了。我忽然很想听听他们的议论。但同时想，我生存时说的什么批评不值一笑的话，大概是违心之论罢：才死，就露了破绽了。然而还是听；然而毕竟得不到结论，归纳起来不过是这样——

"死了？……"

"哼！……"

"啧。……唉！……"

我十分高兴，因为始终没有听到一个熟识的声音。否则，或者害得他们伤心；或则要使他们快意；或则要使他们加添些饭后闲谈的材料，多破费宝贵的工夫；这都会使我很抱歉。现在谁也看不见，就是也不受影响。好了，总算对得起人了！

但是，大约是一个蚂蚁，在我的脊梁上爬着，痒痒的。我一点也不能动，已经没有除去他的能力了；倘在平时，只将身子一扭，就能使他退避。而且，大腿上又爬着一个哩！你们是做什么的？虫豸！？

事情可更坏了：嗡的一声，就有一个青蝇停在我的颧骨上，走了几步,又一飞,开口便舐我的鼻尖。我懊恼地想:足下,我不是什么伟人,你无须到我身上来寻做论的材料……。但是不能说出来。他却从鼻尖跑下,又用冷舌头来舐我的嘴唇了,不知道可是表示亲爱?还有几个则聚在眉毛上,跨一步,我的毛根就一摇。实在使我烦厌得不堪,——不堪之至。

忽然,一阵风,一片东西从上面盖下来,他们就一同飞开了,临走时还说——

"惜哉!……"

我愤怒得几乎昏厥过去。

木材摔在地上的钝重的声音同着地面的震动,使我忽然清醒,前额上感着芦席的条纹。但那芦席就被掀去了,又立刻感到了日光的灼热。还听得有人说——

"怎么死在这里?……"

这声音离我很近,他正弯着腰罢。但人应该死在那里呢?我先前以为人在地上虽没有任意生存的权利,却总有任意死掉的权利的。现在才知道并不然,也很难适合人们的公意。可惜我久没了纸笔;即有也不能写,而且即使写了也没有地方发表了。只好就这样地抛开。

有人来抬我,也不知道是谁。听到刀鞘声,还有巡警在这里罢,在我所不应该"死在这里"的这里。我被翻了几个转身,便觉得向上一举,又往下一沉;又听得盖了盖,钉着钉。但是,奇怪，只钉了两个。难道这里的棺材钉，是只钉两个的么？

我想：这回是六面碰壁，外加钉子。真是完全失败，呜呼哀哉了！……

"气闷！……"我又想。

然而我其实却比先前已经宁静得多，虽然知不清埋了没有。在手背上触到草席的条纹，觉得这尸衾倒也不恶。只不知道是谁给我花钱的，可惜！但是，可恶，收敛的小子们！我背后的小衫的一角皱起来了，他们并不给我拉平，现在抵得我很难受。你们以为死人无知，做事就这样地草率么？哈哈！

我的身体似乎比活的时候要重得多，所以压着衣皱便格外的不舒服。

但我想，不久就可以习惯的；或者就要腐烂，不至于再有什么大麻烦。此刻还不如静静地静着想。

"您好？您死了么？"

是一个颇为耳熟的声音。睁眼看时，却是勃古斋旧书铺的跑外的小伙计。不见约有二十多年了，倒还是那一副老样子。我又看看六面的壁，委实太毛糙，简直毫没有加过一点修刮，锯绒还是毛毿毿的。

"那不碍事，那不要紧。"他说，一面打开暗蓝色布的包裹来。"这是明板《公羊传》，嘉靖黑口本，给您送来了。您留下他罢。这是……。"

"你！"我诧异地看定他的眼睛,说,"你莫非真正糊涂了？你看我这模样,还要看什么明板？……"

"那可以看,那不碍事。"

我即刻闭上眼睛,因为对他很烦厌。停了一会儿,没有声息,他大约走了。但是似乎一个蚂蚁又在脖子上爬起来,终于爬到脸上,只绕着眼眶转圈子。

万不料人的思想,是死掉之后也还会变化的。忽而,有一种力将我的心的平安冲破；同时,许多梦也都做在眼前了。几个朋友祝我安乐,几个仇敌祝我灭亡。我却总是既不安乐,也不灭亡地不上不下地生活下来,却不能负任何一面的期望。现在又影一般死掉了,连仇敌也不使知道,不肯赠给他们一点惠而不费的欢欣。……

我觉得在快意中要哭出来。这大概是我死后第一次的哭。

然而终于也没有眼泪流下；只看见眼前仿佛有火花一闪,我于是坐了起来。

一九二五年七月十二日

人生之最后 / 弘一

> 临终之际,切勿询问遗嘱,亦勿闲谈杂话。恐彼牵动爱情,贪恋世间,有碍往生耳。若欲留遗嘱者,应于康健时书写,付人保藏。

岁次壬申十二月,厦门妙释寺念佛会请余讲演,录写此稿。于时了识律师卧病不起,日夜愁苦,见此讲稿,悲欣交集,遂放下身心,屏弃医药,努力念佛。并扶病起,礼大悲忏,吭声唱诵,长跪经时,勇猛精进,超胜常人。见者闻者,靡不为之惊喜赞叹,谓感动之力有如是剧且大耶。余因念此稿虽仅数纸,而皆撮录古今嘉言及自所经验,乐简略者或有所取。乃为治定,付刊流布焉。弘一演音记。

第一章　绪言

古诗："我见他人死，我心热如火，不是热他人，看看轮到我。"人生最后一段大事，岂可须臾忘耶！今为讲述，次分六章，如下所列。

第二章　病重时

当病重时，应将一切家事及自己身体悉皆放下。专意念佛，一心希冀往生西方。能如是者，如寿已尽，决定往生。如寿未尽，虽求往生而病反能速愈，因心至专诚，故能灭除宿世恶业也。倘不如是放下一切专意念佛者，如寿已尽决定不能往生，因自己专求病愈不求往生，无由往生故。如寿未尽，因其一心希望病愈，妄生忧怖，不惟不能速愈，反更增加病苦耳。

病未重时，亦可服药，但仍须精进念佛，勿作服药愈病之想。病既重时，可以不服药也。余昔卧病石室：有劝延医服药者，说偈谢云："阿弥陀佛，无上医王，舍此不求，是谓痴狂。一句弥陀，阿伽陀药，舍此不服，是谓不错。"因平日既信净土法门，谆谆为人讲说。今自患病，何反舍此而求医药，可不谓为痴狂大错耶！

若病重时，痛苦甚剧者，切勿惊惶。因此病苦，乃宿世业障。或亦是转未来三途恶道之苦，于今生轻受，以速了偿也。

自己所有衣服诸物，宜于病重之时，即施他人。若依《地藏菩萨本愿经》《如来赞叹品》所言供养经像等，则弥善矣。

若病重时，神识犹清，应请善知识为之说法，尽力安慰。举病者今生所修善业，一一详言而赞叹之，令病者心生欢喜，无有疑虑。自知命终之后，承斯善业，决定生西。

第三章　临终时

临终之际，切勿询问遗嘱，亦勿闲谈杂话。恐彼牵动爱情，贪恋世间，有碍往生耳。若欲留遗嘱者，应于康健时书写，付人保藏。

倘自言欲沐浴更衣者，则可顺其所欲而试为之。若言不欲，或噤口不能言者，皆不须强为。因常人命终之前，身体不免痛苦。倘强为移动沐浴更衣，则痛苦将更加剧。世有发愿生西之人，临终为眷属等移动扰乱，破坏其正念，遂致不能往生者，甚多甚多。又有临终可生善道，乃为他人误触，遂起瞋心，而牵入恶道者，如经所载阿耆达王死堕蛇身，岂不可畏。

临终时，或坐或卧，皆随其意，未宜勉强。若自觉气力衰弱者，尽可卧床，勿求好看勉力坐起。卧时，本应面西右胁侧卧。若因身体痛苦，改为仰卧，或面东左胁侧卧者，亦任其自然，不可强制。

大众助念佛时，应请阿弥陀佛接引像，供于病人卧室，令彼瞩视。

助念之人，多少不拘。人多者，宜轮班念，相续不断。或念六字，或念四字，或快或慢，皆须预问病人，随其平日习惯及好乐者念之，病人乃能相随默念。今见助念者皆随己意，不问病人，既已违其平日习惯及好乐，何能相随默念。余愿自今以后，凡任助念者，于此一事切宜留意。

又寻常助念者，皆用引磬小木鱼。以余经验言之，神经衰弱者，病时甚畏引磬及小木鱼声，因其声尖锐，刺激神经，反令心神不宁。若依余意，应免除引磬小木鱼，仅用音声助念，最为妥当。或改为大钟大磬大木鱼，其声宏壮，闻者能起肃敬之念，实胜于引磬小木鱼也。但人之所好，各有不同。此事必须预先向病人详细问明，随其所好而试行之。或有未宜，尽可随时改变，万勿固执。

第四章　命终后一日

既已命终，最切要者，不可急忙移动。虽身染便秽，亦勿即为洗涤。必须经过八小时后，乃能浴身更衣。常人皆不注意此事，而最要紧。惟望广劝同人，依此谨慎行之。

命终前后，家人万不可哭。哭有何益，能尽力帮助念佛乃于亡者有实益耳。若必欲哭者，须俟命终八小时后。

顶门温暖之说，虽有所据，然亦不可固执。但能平日信愿真切，临终正念分明者，即可证其往生。

命终之后，念佛已毕，即锁房门。深防他人入内，误触亡者。

必须经过八小时后，乃能浴身更衣。（前文已言，今再谆嘱，切记切记。）因八小时内若移动者，亡人虽不能言，亦觉痛苦。

八小时后著衣，若手足关节硬，不能转动者，应以热水淋洗。用布搅热水，围于臂肘膝弯。不久即可活动，有如生人。

殓衣宜用旧物，不用新者。其新衣应布施他人，能令亡者获福。

不宜用好棺木，亦不宜做大坟。此等奢侈事，皆不利于亡人。

第五章　荐亡等事

七七日内，欲延僧众荐亡，以念佛为主。若诵经拜忏焰口水陆等事，虽有不可思议功德，然现今僧众视为具文，敷衍了事，不能如法，罕有实益。印光法师文钞中屡斥诫之，谓其惟属场面，徒作虚套。若专念佛，则人人能念，最为切实，能获莫大之利矣。

如请僧众念佛时，家属亦应随念。但女众宜在自室或布帐之内，免生讥议。

凡念佛等一切功德，皆宜回向普及法界众生，则其功德乃能广大，而亡者所获利益亦更因之增长。

开吊时，宜用素斋，万勿用荤，致杀害生命，大不利于亡人。

出丧仪文，切勿铺张。毋图生者好看，应为亡者惜福也。

七七以后，亦应常行追荐，以尽孝思。莲池大师谓年中常须追荐先亡。不得谓已得解脱，遂不举行耳。

第六章　劝请发起临终助念会

此事最为切要。应于城乡各地，多多设立。《饬终津梁》中有详细章程，宜检阅之。

第七章　结语

残年将尽，不久即是腊月三十日，为一年最后。若未将钱财预备稳妥，则债主纷来，如何抵挡。吾人临命终时，乃是一生之腊月三十日，为人生最后。若未将往生资粮预备稳妥，必致手忙脚乱呼爷叫娘，多生恶业一齐现前，如何摆脱？临终虽恃他人助念，诸事如法。但自己亦须平日修持，乃可临终自在。奉劝诸仁者，总要及早预备才好。

作者简介

弘一（1880—1942），本名李叔同，著名音乐家、美术教育家、书法家、戏剧活动家，是中国话剧的开拓者之一。他从日本留学归国后，担任过教师、编辑之职，后剃度为僧，法名演音，号弘一，晚号晚晴老人。后被人尊称为弘一法师。

关于死

不知为什么,亦不知来自何方,
就来到这世界,像水之不自主地流;
而且离了这世界,不知向哪里去,
像风在原野,不自主地吹。

——(波斯)奥玛·海亚姆

死生 / 冯友兰

> 在道德境界中底人，则前亦见古人，后亦见来者，往古来今，打成一片。在这一片中，他觉解他的个体的死亡，并不是十分重要底。如此，他不必设法对付死，而自可不受死的威胁。

死是生的反面，所以能了解生，即能了解死。《论语》说：子路问死，孔子曰："未知生，焉知死。"孔子此答，似乎答非所问。孔子似乎想避免子路所提出底问题，但其实或不是如此。死是一种否定，专就其是否定说，死又有什么可说？欲说死必就其所否定者说起。欲了解死，必先了解生，能了解生则亦可以了解死。

从另一方面说，死虽是人生的否定，而有死却又是人生中的一件大事。因为一个人的死是他的一生中底最后一件事，比如一出戏的最后一幕。最后一幕虽是最后底，但总是一出戏的一部分，并且可以是其中底最重要底一部分。从此方面看，我们可以说，"大哉死乎"！从此方面说，我们亦可说，欲了解死必先了解生，能了解生则亦能了解死。所以程子亦说："知生之道则知死之道。"朱子亦说："非原始而知所以生，则必不能反终而知所以死。"

对于生底了解到某种程度，则生对于有此等了解底人，有某种意义。生对于有此等了解底人有某种意义，则死对于有此等了解底人，也有某种与之相应底意义。就上数章所说诸种境界说，对于在自然境界中底人，生没有很清楚底意义，死也没有很清楚底意义。对于在功利境界中底人，生是"我"的存在底继续，死是"我"的存在的断灭，对于在道德境界中底人，生是尽伦尽职的所以（所以使人能尽伦尽职者），死是尽伦尽职的结束。对于在天地境界中底人，生是顺化，死亦是顺化。

在死的某种意义下，死是可怕底。人对于死底怕，对于死底忧虑，即是人所受底，死对于人底威胁。人怕死则受死的威胁，不怕死则不受死的威胁。

怕死者，都是对于生死有相当底觉解者。对于生死完全无觉解，或无相当底觉解者，不知怕死。对于生死有较深底觉解者不怕死。对于生死有彻底底觉解者，无所谓怕死不怕死。不怕死及无所谓怕死不怕死者均不受死的威胁，不怕死者不受死的威胁，因为他能拒绝死的威胁。无所谓怕死不怕死者，不受死的威胁，因为他能超过死的威胁。不知怕死者，亦可说是不受死的威胁。不过他不受死的威胁是因为他不及受死的威胁。就人的境界说，在自然境界中底人，不知怕死。在功利境界中底人，怕死。在道德境界中底人，不怕死。在天地境界中底人，无所谓怕死不怕死。

一般动物，对于生死，都是全无觉解底。它们都是有死底，虽都是有死底，但自然都已为它们预备好了一种方法以继续它们的生命。凡生物都可以有子。它们的子即是它们生命的继续。生物不能不死，而却有此一种方法，以继续它们的生命。所以柏拉图说：这是"不死的动底影像"。一般动物，除人而外，都在不知不觉中，用这一种方法，以继续它们的生命。就它们自己的个体的生存说，它们虽有生而不自觉其有生，虽将来有死，而不知其将来有死。不知其将来有死，所以亦不知怕死。

人对于生死有相当底觉解。对于生死有相当底觉解者，知自然为一般动物所预备底方法，以继续其生命者，实只能得一不死的动底影像。不死的动底影像，并不即是不死。人有子虽能继续他的生命，但不能继续他的意识。从个体的观点看，一个人是一个个体，他的子又是一个个体。他的子虽是他的子，但并不就是他。他可以以他自己为"我"，但只能以他的子为"我的"。他是个体，他自觉他是个个体。他有他的个体底意识。

他的个体底意识,是任何别人所不能知,而只有他自己能知者,可以说是他的"独"。就此方面看,生是一个人"我"的存在底继续,他的"独"的存在的继续。死是一个人"我"的存在的断灭,他的"独"的存在的断灭。由此方面看,死是可怕底。

人对于生死底觉解,到此种程度者最是怕死。在自然境界中底人,对于生死虽有觉解,但尚未到此种程度。对于在自然境界中底人,生没有很清楚底意义,死也没有很清楚底意义。这并不是说,他于生时,不能有什么活动。他亦可以有活动,并且可有很多底活动,不过他的活动都是顺才或顺习而行。所以他虽有活动,而对于许多活动,他并无觉解。他虽亦知他将来有死,但对于死,他并不预先注意,至少也是不预先忧虑。对于死所能有底后果,他了解甚少,他可以说有"赤子之心"。小孩子见人死,以为人死似不过是睡着不醒而已,或以为人死似不过是永远不能吃饭而已。在自然境界中底人,对于死底了解,虽不必即如此地天真,然亦是天真底。对于死底了解,即如此地少,所以他亦不知怕死。他不知怕死与一般动物不知怕死不同。一般动物不知怕死,是因为它不知有死。在自然境界中底人,不知怕死,是因为不知死之可怕,如所谓"初生牛犊不怕虎"者。

不知怕死者,虽亦可不受死的威胁,但不能有不受死的威胁之乐。因为他不受死的威胁,乃是由于他的觉解的不及。他本不知死之可怕,所以他虽不受死的威胁,而不能有不受死的威胁之乐。他不受死的威胁，可以说是"为他底"，而不是"为自底"。《庄子·大宗师》说："真人不知说生，不知恶死。其出不䜣，其入不距。翛然而往，翛然而来，而已矣。"道家常将自然境界与天地境界相混。此所说"真人"，但就其不知说，此所说底境界是一种自然境界。

在自然境界中底人，不知怕死。所以他亦不有目的地，有计划地，设法对付死。在功利境界中底人，一切行为，都是"为我"，死是"我"的存在的断灭，所以在功利境界中底人，最是怕死。他们有目的地，有计划地，设法对付死。他们对付死底办法约有四种。

第一种办法是求避免死。例如秦皇汉武都是盖世英雄，做了些惊天动地底大事。但他们的境界，都是功利境界。他们的事业愈大，他们愈不愿他们的"我"失其存在，他们愈不愿死。《晏子春秋》及《韩诗外传》说："齐景公游于牛山，北临其国城而流涕曰：'奈何去此堂堂之国而死乎。'"秦皇汉武的晚年，大概都有这种情感。所以他们都用方士，求长生药。所谓"尚采不死药，茫然使心哀"。他们费很大底力，以求避免死，不过结果还是"但见三泉下，金棺葬寒灰"。（李白《古风》）

秦汉时代的方士，是后来道士的前身。道士所主持底宗教是道教。宋明道学家，常将道家与道教相混。实则二者中间，分别甚大，道家一物我，齐死生，其至人的境界是天地境界。道家讲修炼的方法，以求长生为目的，欲使修炼底人维持其自己的"形"，使之不老，或维持自己的"神"，使之不散。道教所注意者，是"我"的继续存在。其人的境界是功利境界。

道教承认，有生则有死，生死是一种自然底程序。但以为，他们有一种"逆天"的方法，可以阻止或改变这种程序。他们可以说是有一种"战胜自然"的精神。但无论是从理论，或从经验方面说，自然在此点，似乎是不可战胜底。不过在功利境界中底人，亦不感觉，在此点，有战胜自然的必要。道学家常说：人不可"在躯壳上起念"。道教中底人，正是常"在躯壳上起念"。

人的身体，本如一机器。一机器，善用之，则可以经用较久，不善用之，则不能经久用，或至于立时损坏。这是一般人都知道底。道教中底人，常住山林，使其身体，得营养多而受损害少，长生不老虽不可能，而因此可以不速老，享大寿，是可能底。不过这一种的生活，往好处说，固可以说是清静无为。往坏处说，亦未尝不可说是空虚无味。李白诗："太白何苍苍，星辰上森列。去天三百里，邈尔与世绝。中有绿发翁，披发卧冰雪。不笑亦不语，冥栖在岩穴。"有这种生活底人，如只以求长生为目的，即令能得长生，其长生亦可说是半死。

在功利境界中底人，对付死底第二种办法是求立名。有些在功利境界中底人以为死固不可避免，但若有名留于身后，则亦在以虽死而不死。因此他们极力求名。《离骚》说："老冉冉其将至兮，恐修名之不立。"老之将至是无可奈何底事。人所能努力者，是于老之未至之前，先立了名，庶几身虽死而名不灭，则他的"我"仍于相当程度内，有一种的继续。古诗说："人生非金，岂能长寿考，奄忽随物化，荣名以为宝。"桓温说："大丈夫不能流芳百世，亦当遗臭万年。"小说上底英雄常说："人过留名，雁过留声。"此诸所说其用意均同。

侠义一流底人，是这一类底人。他们视他们的名誉，比他们的身体，更为重要，因为身体总是"奄忽随物化"，而名誉则似乎是可以"常留天地间"。所以他们常牺牲他们的身体，以求名誉。《汉书·游侠传》序说：游侠"杀身成名"。贾谊《鵩鸟赋》说："烈士殉名。"现在有些人说："名誉是军人的第二生命。"侠义一流底人，简直是以名誉为其第一生命。这一类底人，所希望底是"身死名垂"。能够身死名垂，亦是战胜死的一种办法。死能死人的身体，但不能死人的名。这一类底人，在表面上似乎是轻生，但其轻生实由于贵生。老子说："民之轻死，以其生生之厚。"正可引以说此。

在功利境界中底人，对付死底第三种办法，是急求眼前底快乐。有些人以为，人即令有名，但他如已死，他即无知，既已无知，即令有名，于他又有什么好处？所以古诗说："良无磐石固，虚名复何益？"从此方面看，则不如于未死之前，急求眼前快乐，得些实受。古诗说："浩浩阴阳移，年命若朝露。""万岁更相送，贤圣莫能度。服食求神仙，多为药所误。不如饮美酒，被服纨与素。"《列子·杨朱篇》即将此意，作有系统底发挥。这亦是对付死底一种办法。怕死底人，忧虑死将要来，但现在死尚未来。在现在死尚未来,应尽力享受。死若果来,则人即死。既死无知觉,则亦不知觉其威胁矣。

但现在底快乐,如其有之,亦是人于过去所努力以求而始得到者。人欲求快乐,亦须先努力。于其努力时,死亦可于其未得快乐时而先来临。求快乐底人,可以有此等忧虑。此等忧虑,亦即是他所受底死的威胁。

在功利境界中底人对付死底第四种办法,是相信灵魂不死。此可以说是以信仰抵制死的威胁。有些宗教,也可以说大多数底宗教,以为人死以后,此身体虽不存在,但此身体的主人,即所谓灵魂者,仍继续存在,且永远继续存在。此所谓形死而神不灭。死虽能与人一种损失,但人所损失者是其糟粕,其精华是不受损失底。人皆有此不死者存。此不死者,于身体死后,或升入天堂,或入地狱,或仍托生为人。无论碧落黄泉,此不死者总是不死。这种说法,与道教不同。道教是近乎自然主义底。它是近乎普通所谓科学,而不近乎普通所谓宗教。道教中底人,以为若随顺自然变化的程序,则形死神亦灭。但他们可用一种"逆天"的方法,使形不死,或形虽死而神不灭。大多数底宗教,则以为形死神不灭,本来是如此底。有些人以为人若有此种信仰,则死对于他底威胁,即可免去大半。不过信仰只是信仰,信仰是不可以理论证明底。

以上所说,是在功利境界中底人应付死底办法。其办法果能减少死的威胁与否,及其果能减少至如何程度,似乎是因人而异。无论如何，在道德境界及天地境界中底人，并不需要此诸种办法。

在道德境界中底人知性。他知性，所以在社会中尽伦尽职以尽性。尽伦尽职必于事中尽之。所以在道德境界中底人，必不做"自了汉"，必于社会中做事。他所做底事，都是为在社会中尽伦尽职而做底，亦可说，都是为社会而做底。所以他所做底事，在他的了解中，都是社会的事，这就是说，他所做底事，对于他，都是有社会底意义。人的才有小大，命运有好坏。在道德境界中底人，就其才之所能，命运之所许，尽力以做其所能做及所应做底事。无论他所做底事，是大是小，他都尽其力之所能，以使其成功。他于做他所做底事时，无论其是大是小，他都自觉，他是在"承先启后"，"继往开来"。他所做底事，无论其是大是小，对于他底意义，都是"为往圣继绝学，为万世开太平"。于此等底意义中，他自觉他在精神上，上与古代相感通，下与后世相呼应。孔子说："文王既没，文不在兹乎！"这是孔子自觉他在精神上，上接先王。孟子说："圣人复起，不易吾言。"这是孟子自觉他在精神上，下接后圣。陈子昂诗云："前不见古人，后不见来者，念天地之悠悠，独怆然而涕下。"在道德境界中底人，则前亦见古人，后亦见来者，往古来今，打成一片。在这一片中，他觉解他的个体的死亡，并不是十分重要底。如此，他不必设法对付死，而自可不受死的威胁。

在道德境界中底人，做事所以尽伦尽职。他竭其力之所能以做其所应做底事。他一日未死,则一日有他所应做底事。这是他的任务。他一日既死,则他的任务,即时终了。就尽伦尽职说,在道德境界中底人,可能于死后尚有经手未完之事,但不可能于死后尚有未尽之伦,未尽之职。他可先其父母而死,尚有孝养之事未了。但他如于生前已尽为子之道,则他虽有孝养之事未了,但不能说他尚未尽伦,未尽职。尽伦尽职底人,都是"鞠躬尽瘁,死而后已"。死而后已,亦即是死了即已。

所以对于在道德境界中底人,死是尽伦尽职的结束。《礼记·檀弓》记子张将死之言,说:"君子曰终,小人曰死。"宋儒说:"终者所以成其始之辞,而死则澌尽无余之义。"对于小人,死是其个人的身体的不存在,所以死对于他是死。对于君子,死是其在社会中底任务的终了,所以死对于他是终。在道德境界中底人,是此所谓君子。死对于他是尽伦尽职的结束,所以死对于他也是终。终即是结束之义。

在道德境界中底人,不注意死后,只注意生前。只注意于,使其一生行事,皆充分表现道德价值,使其一生,如一完全底艺术品,自始至终,全幅无一败笔。所以《论语》记曾子将死,曰:"启予足,启予手。诗云:'战战兢兢,如临深渊,如履薄冰。'而今而后,吾知免夫,小子。"《礼记·檀弓》记曾子将死,侍疾底童子,忽发现曾子所用底席是大夫所用底。曾子听说,命曾元快换。曾元说:"夫子之疾革矣,不可以变。幸而至于旦,请敬易之。"曾子说:"尔之爱我也不如彼。君子之爱人也以德,细人之爱人也以姑息。吾何求哉？吾得正而毙焉斯已矣。"曾元等于是"举扶而易之，反席未安而没。"这些行为初看似迂阔，但一个人的一生，如想在道德方面，始终完全，他是一刻不可疏忽底。在一个人未死之前，他随时都可能有有过的可能。所以曾子将死才可以说："而今而后，吾知免夫。"然幸而还有一个童子，指出他的最后底一个过错。于是他的一生，才能如一完全底艺术品，不至于最后来了一个败笔。可见一个人想成为完人，是极不容易底。

所以在道德境界中底人，于必要时，宁可牺牲其身体的存在，而不肯使其行为有在道德方面底不完全。孔子说："有杀身以成仁，无求生以害仁。"孟子说："生，吾所欲也；义，亦吾所欲也。二者不可得兼，舍生而取义者也。"杀身成仁，舍生取义，与上所说杀身成名，是不同底。杀身成仁底人所做底事，可以即是杀身成名底人所做底事。但杀身成仁底人作此事，其行为是道德底行为，其境界是道德境界。杀身成名底人做此事，其行为是合乎道德底行为，其境界是功利境界。

杀身成仁，在事实上，亦可得名，但在道德境界中底人，并不要"成名"。所以他虽努力使其一生如一完全底艺术品，但此艺术品是否有人欣赏，如有人欣赏，他自己是否知之，这是他所不问底。在道德境界中底人，有某种行为，并不求为人所知。其行为是"为己底"，不是"为人底"。如其为求为人所知而有某种行为，则其行为虽合乎道德，而只是合乎道德底行为，不是道德底行为。其人的境界，亦只是功利境界，而不是道德境界。

照在道德境界中人底看法，一个人于未死之前，总有他所应做底事。这些事，他如不用心注意去做，都有做错的可能。所以在未死之前，无论于何时何地，他都应该兢兢业业，去做他所应该做底事。直到死，方可休息。龚定庵诗说："绝业名山幸早成，更何方法遣今生。"又说："设想英雄垂暮日，温柔不住住何乡。"这都是才人英雄的设想。照这种想法，一个人的一生中，似乎有一部分，可以称为"余生"，如同普通以为，一星期中，有一部分，称为周末。于其时，人可以随意消遣。圣贤的想法，不是如此。圣贤的有生之日，都是尽伦尽职之日。才人需要遣生的方法，以遣其余生。圣贤则无余生可遣。英雄有垂暮。圣贤则无垂暮。圣贤尽其力之所能，以伦尽职，"鞠躬尽瘁，死而后已"，此所谓"存，吾顺事；没，吾宁也"。

对于在天地境界中底人，生是顺化，死亦是顺化。知生死都是顺化者，其身体虽顺化而生死，但他在精神上是超过死底。

……（此处有删节）

我们说：在天地境界中底人，在精神上可以说是超死生底。我们并不说：人的精神可以超死生。人的精神不能离开身体而存在。身体既不能超死生，则精神亦不能超死生。所以我们不能说，人的精神，可以超死生，而只能说，人在精神上可以超死生。所谓人在精神上可以超死生者，是就一个人在天地境界中所有底自觉说。他在天地境界中自觉他是超死生底。若其身体不存，他固亦无此自觉。但此自觉使其自觉，不但身体的存亡，对于他没有重要，即有此自觉与否，对于他亦没有重要。

……（此处有删节）

所以在天地境界中底人，无所谓怕死不怕死。有意于不怕死者，仍是对于死生有芥蒂。伊川云："邵尧夫临终时，只是谐谑，须臾而去。以圣人观之，则犹未是，盖犹有意也。比之常人，甚悬绝矣。他疾革，颐往视之，因警之曰：'尧夫平日所学，今日无事否？'他气微不能答。次日见之，却有声如丝发来，大答云：'你道生姜树上生，我亦只得依你说。'"伊川疾革，门人进曰："先生平日所学，正今日要用。"伊川曰："道著用便不是。""道著用"亦是有意。所谓有意，亦谓对于死生尚有芥蒂。

在天地境界中底人，不有意地不怕死，亦不有意玩视生。道家中有些人对于人生中的事，多玩视，如所谓"以生为附赘悬疣，以死为决疣溃痈"者，是只了解死为顺化，而未了解生亦为顺化。了解生亦为顺化，则于人生中做人所应做底事，亦为顺化。所以在天地境界中底人所做的事，亦正是在道德境界中的人所做的事。对于做这些事，他亦是"生，吾顺事；没，吾宁也"。

了生死 / 梁实秋

> 如果了生死即是了解生死之谜，从而获致大智大勇，心地光明，无所恐惧，我相信那是可以办到的。

信佛的人往往要出家。出家所为何来？据说是为了一大事因缘，那就是要"了生死"。在家修行，其终极目的也是为了要"了生死"。生死是一件事，有生即有死，有死方有生，"了"即是"了断"之意。生死流转，循还不已，是为轮回，人在轮回之中，纵不堕入恶趣，生、老、病、死四苦煎熬亦无乐趣可言。所以信佛的人要了生死，超出轮回，证无生法忍。出家不过是一个手段，习静也不过是一个手段。

但是生死果然能够了断吗？我常想，生不知所从来，死不知何处去，生非甘心，死非情愿，所谓人生只是生死之间短短的一橛。这种看法正是佛家所说"分段苦"。我们所能实际了解的也正是这样。波斯诗人奥玛·海亚姆的四行诗恰好说出了我们的感觉：

Into this universe, and why not knowing,
Nor whence, like water willy-nilly flowing;
And out of it, as wind along the waste,
I know not whither, willy-nilly blowing.

不知为什么，亦不知来自何方，
就来到这世界，像水之不自主地流；
而且离了这世界，不知向哪里去，
像风在原野，不自主地吹。

"我来如流水，去如风"，这是诗人对人生的体会。所谓生死，不了断亦自然了断，我们是无能为力的。我们来到这世界，并未经我们同意，我们离开这世界，也将不经我们同意。我们是被动的。

人死了之后是不是万事皆空呢？死了之后是不是还有生活呢？死了之后是不是还有轮回呢？我只能说不知道。使哈姆雷特踌躇不决的也正是这一种猜疑。按照佛家的学说，"断灭相"绝非正知解。一切的宗教都强调死后的生活，佛教则特别强调轮回。我看世间一切有情，是有一个新陈代谢的法则，是有遗传嬗递的迹象，人恐怕也不是例外，长江后浪推前浪，一代新人换旧人，如是而已。又看佛书记载轮回的故事，大抵荒诞不经，可供谈助，兼资劝世，是否真有其事殆不可考。如果轮回之说尚难证实，则所谓了生死之说也只是可望不可即的一个理想了。

我承认佛家了生死之说是一崇高理想。为了希望达到这个理想，佛教徒制定许多戒律，所谓根本五戒，沙弥十戒、比丘二百五十戒，这还都是所谓"事戒"，菩萨十重四十八轻戒之"性戒"尚不在内。这些戒律都是要我们在此生此世来身体力行的。能彻底实行戒律的人方有希望达到"外息诸缘，内心无喘"的境界。只有切实地克制情欲，方能逐渐地做到"情枯智讫"的功夫。所有的宗教无不强调克己的修养，斩断情根，裂破俗网，然后才能湛然寂静，明心见性。就是佛教所斥为外道的种种苦行，也无非是戒的意思，不过做得过分了些。中古基督教也有许多不近人情的苦修方法。凡是宗教都是要人收敛内心戒除欲念。就是伦理的哲学家，也无不倡导多多少少的克己的苦行。折磨肉体，以解放心灵，这道理是可以理解的。但是以爱根为生死之源，而且自无始以来因积业而生死流转，非斩断爱根无以了生死，这一番道理便比较难以实证了。此生此世持戒，此生此世受福，死后如何，来世如何，便渺茫难言了。我对于在家修行的和出家修行的人们有无上的敬意。由于他们的参禅看教，福慧双修，我不怀疑他们有在此生此世证无生法忍的可能，但是离开此生此世之后是否即能往生净土，我很怀疑。这净土，像其他的被人描写过的天堂一样，未必存在。如果它存在，只是存在于我们的心里。

　　西方斯多葛派哲学家所谓个人的灵魂于死后重复融合到宇宙的灵魂里去，其种种信念也无非是要人于临死之际不生恐惧，那说法虽然简陋，却是不落言筌。蒙田说："学习哲学即是学习如何去死。"如果了生死即是了解生死之谜，从而获致大智大勇，心地光明，无所恐惧，我相信那是可以办到的。所以在我的心目中，宗教家乃是最富理想而又最重实践的哲学家。至于了断生死之说，则我自惭劣钝，目前只能存疑。

说死说活 / 史铁生

> 其实,他曾是赤条条地来,也该让他赤条条地去,但我理解伊甸园之外的风俗,何况他生前知善知恶欲念纷纭,也不配受那园内的待遇。但千万不要给他整容化妆,他生前本不漂亮,死后也不必弄得没人认识。

1 史铁生≠我

要是史铁生死了,并不就是我死了。——虽然我现在不得不以史铁生之名写下这句话,以及现在有人喊史铁生,我不得不答应。

史铁生死了——这消息日夜兼程,必有一天会到来,但那时我还在。要理解这件事,事先的一个思想练习是:传闻这一消息的人,哪一个不是"我"呢?有哪一个——无论其尘世的姓名如何——不是居于"我"的角度在传与闻呢?

2 生＝我

死是不能传闻任何消息的——这简直可以是死的鉴定。那么，死又是如何成为消息的呢？唯有生，可使死得以传闻，可使死成为消息。譬如死寂的石头，是热情的生命使其泰然或冥顽的品质得以流传。

故可将死作如是观：死是生之消息的一种。

然而生呢，则必是"我"之角度的确在，或确认。

3 无辜的史铁生

假设谁有一天站在了史铁生的坟前，或骨灰盒前，或因其死无（需）葬身之地而随便站在哪儿，悼念他，唾弃他，或不管以什么方式涉及他，因而劳累甚至厌倦，这事都不能怨别人，说句公道话也不能怨史铁生，这事怨"我"之不死，怨不死之"我"或须悼念以使情感延续，或须唾弃以利理性发展，总之，怨不死的"我"需要种种传闻来构筑"我"的不死，需要种种情绪来放牧活蹦乱跳的生之消息。

4 史铁生≈我使用过的一台电脑

一个曾经以其相貌、体型和动作特征来显明为史铁生的天地之造物，损坏了，不能运作了，无法修复了，报废了，如此而已。就像一只老羊断了气而羊群还在。就像一台有别于其他很多台的电脑被淘汰了，但曾流经它的消息还在，还在其曾经所联之网上流传。史铁生死了，世界之风流万种、困惑千重的消息仍在流传，经由每一个"我"之点，连接于亿万个"我"之间。

5 浪与水＝我与"我"

浪终归要落下去，水却还是水。水不消失，浪也就不会断灭。浪涌浪落，那是水的存在方式，是水的欲望（也叫运动），是水的表达、水的消息、水的连接与流传。哪一个浪是我呢？哪一个浪又不是"我"呢？

从古至今，死去了多少个"我"呀，但"我"并不消失，甚至并不减损。那是因为，世界是靠"我"的延续而流传为消息的。也许是温馨的消息，也许是残忍的消息，但肯定是生动鲜活的消息，这消息只要流传，就必定是"我"的接力。

6 永远的生＝不断地死

有生以来,你已经死掉了多少个细胞呀,你早已经不是原来的你了,你的血肉之躯已不知死了多少回,而你却还是你!你是在流变中成为你的,世界是在流变中成为世界的。正如一个个音符,以其死而使乐曲生。

赫拉克利特说"一个人不能两次踏入同一条河流",但是,一条河流能够两次被同一个人踏入吗?同样的逻辑,还可以继续问:一个人可以一次踏入同一条河流吗?

7 永恒的消息

但是,总有人在踏入河流,总有河流在被人踏入。踏入河流的人,以及被踏入的河流,各有其怎样的尘世之名,不过标明永恒消息的各个片段、永恒乐曲的各个章节。而"我"踏入河流、爬上山巅、走在小路与大道、走过艰辛与欢乐、途经一个个幸运与背运的姓名……这却是历史之河所流淌着的永恒消息。正像血肉之更迭,传递成你生命的游戏。

8 你在哪儿?

你由亿万个细胞组成,但你不能说哪一个细胞就是你,因为任何一个细胞的死亡都不影响你仍然活着。可是，如果每一个细胞都不是你，你又在哪儿呢？

同样，你思绪万千，但你不能说哪一种思绪就是你，可如果每一种思绪都不是你，你又在哪儿呢？

同样，你经历纷繁，但你不能说哪一次经历就是你，可如果每一次经历都不是你，你到底在哪儿呢？

9 无限小与无限大

你在变动不居之中。或者干脆说，你就是变动不居：变动不居的细胞组成、变动不居的思绪结构、变动不居的经历之网。你一直变而不居，分分秒秒的你都不一样，你就像赫拉克利特的河，倏忽而不再。你的形转瞬即逝，你的肉身无限短暂。

可是，变动不居的思绪与经历，必定是牵系于变动不居的整个世界。正像一个音符的存在，必是由于乐曲中每一个音符的推动与召唤。因此，每一个音符中都有全部乐曲的律动，每一个浪的涌落都携带了水的亘古欲望，每一个人的灵魂都牵系着无限存在的消息。

10 群的故事

有生物学家说：整个地球，应视为一个整体的生命，就像一个人。人有五脏六腑，地球有江河林莽、原野山峦。人有七情六欲，地球有风花雪月、海啸山崩。人之欲壑难填，地球永动不息。那生物学家又说："譬如蚁群，也是一个整体的生命，每一只蚂蚁不过是它的一个细胞。"那生物学家还说："人的大脑就像蚁群，是脑细胞的集群。"

那就是说，一个人也是一个细胞群，一个人又是人类之集群中的一个细胞。那就是说，一个人死了，正像永远的乐曲走过了一个音符，正像永远的舞蹈走过了一个舞姿，正像永远的戏剧走过了一个情节，以及正像永远的爱情经历了一次亲吻，永远的跋涉告别了一处村庄。当一只蚂蚁（一个细胞，一个人）沮丧于生命的短暂与虚无之时，蚁群（细胞群，人类，乃至宇宙）正坚定地抱紧着一个心醉神痴的方向——这是唯一的和永远的故事。

11 我离开史铁生以后

我离开史铁生以后史铁生就成了一具尸体，但不管怎么说，白白烧掉未免可惜。浪费总归不好。我的意思是：

①先可将其腰椎切开，到底看看那里面出过什么事——在我与之朝夕相处的几十年里，有迹象表明那儿发生了一点儿故障，有人猜是硬化了，有人猜是长了什么坏东西，具体怎么回事一直不甚明了。我答应过医生，一旦史铁生撒手人寰，就可以将其剖开看个痛快。那故障以往没少给我捣乱，但愿今后别再给"我"

添麻烦。

②然后再将其角膜取下。谁用得着就给谁用去，那两张膜还是拿得出手的。其他好像就没什么了。剩下的器官早都让我用得差不多了，不好意思再送给谁——肾早已残败不堪，血管里又淤积了不少废物，因为吸烟，肺料必是脏透了。大脑么，肯定也不是一颗聪明的大脑，不值得谁再用，况且这东西要是还能用，史铁生到底是死没死呢？

12 史铁生之墓

上述两种措施之后，史铁生仍不失为一份很好的肥料，可以让它去滋养林中的一棵树，或海里的一群鱼。

不必过分地整理他，一衣一裤一鞋一袜足矣，不非是纯棉的不可，物质原本都出于一次爆炸。其实，他曾是赤条条地来，也该让他赤条条地去，但我理解伊甸园之外的风俗，何况他生前知善知恶欲念纷纭，也不配受那园内的待遇。但千万不要给他整容化妆，他生前本不漂亮，死后也不必弄得没人认识。就这些。然后就把他送给鱼或者树吧。送给鱼就怕路太远，那就说定送给树。倘不便囫囵着埋在树下，烧成灰埋也好。埋在越是贫瘠的土地上越好，我指望他说不定能引起一片森林，甚至一处煤矿。

但要是这些事都太麻烦，就随便埋在一棵树下拉倒，随便撒在一片荒地或农田里都行，也不必立什么标识。标识无非是要让我们记起他。那么反过来，要是我们会记起他，那就是他的标识。在我们记起他的那一处空间里甚至那样一种时间里，就是史铁生之墓。我们可以在这样的墓地上做任何事，当然最好是让人高兴的事。

13 顺便说一句：我对史铁生很不满意

我对史铁生的不满意是多方面的。身体方面就不苛责他了吧。品质方面，现在也不好意思就揭露他。但关于他的大脑，我不能不抱怨几句，那个笨而又笨的大脑曾经把我搞得苦不堪言。那个大脑充其量是个三流大脑，也许四流。以电脑作比吧，他的大脑顶多算得上是"286"——运转速度又慢（反应迟钝），贮存量又小（记忆力差），很多高明的软件（思想）他都装不进去（理解不了）——我有多少个好的构思因此没有写出来呀，光他写出的那几篇东西算个狗屁！

14 一件疑案

在我还是史铁生的时候我就说过：我真不想是史铁生了。也就是说，那时我真不想是我了，我想是别人，是更健康、更聪明、更漂亮、更高尚的角色，比如张三，抑或李四。但这想法中好像隐含着一些神秘的东西：那个不想再是我的我，是谁？那个想是张三抑或李四抑或别的什么人的我，是谁呢？如果我是如此的不满意我，这两个我是怎样意义上的不同呢？如果我仅仅是我，仅仅在我之中，我就无从不满意我。就像一首古诗中说的，"不识庐山真面目，只缘身在此山中"。如果我不满意我，就说明我不仅仅在我之中，我不仅仅是我，必有一个大于我的我存在着——那是谁？是什么？在哪儿？不过这件事，恐怕在我还与史铁生相依为命的时候，是很难有什么确凿的证据以正视听了。

但是有一种现象，似对探明上述疑案有一点儿启发——请到处去问问看，不肯定在哪儿，但肯定会有这样的消息：我就是张三。我就是李四。以及，我就是史铁生。甚至，我就是我。

一九九六年十月二十四日

凭吊

如果我们的生前是尽责任的,是无愧的,我们就会安坦地走进我们的坟墓,我们的灵魂里不会有惭愧或悔恨的啮痕。

——徐志摩

墓碣文 / 鲁迅

> 待我成尘时,你将见我的微笑!

我梦见自己正和墓碣对立,读着上面的刻辞。那墓碣似是沙石所制,剥落很多,又有苔藓丛生,仅存有限的文句——

……于浩歌狂热之际中寒;于天上看见深渊。于一切眼中看见无所有;于无所希望中得救。……
……有一游魂,化为长蛇,口有毒牙。不以啮人,自啮其身,终以殒颠。……
……离开!……

我绕到碣后,才见孤坟,上无草木,且已颓坏。即从大阙口中,窥见死尸,胸腹俱破,中无心肝,而脸上却绝不显哀乐之状,但蒙蒙如烟然。

　　我在疑惧中不及回身，然而已看见墓碣阴面的残存的文句——

　　……抉心自食，欲知本味，创痛酷烈，本味何能知？……

　　……痛定之后，徐徐食之。然其心已陈旧，本味又何由知？……

　　……答我，否则，离开！……

我就要离开。而死尸已在坟中坐起，口唇不动，然而说——
"待我成尘时，你将见我的微笑！"
我疾走，不敢反顾，生怕看见他的追随。

　　　　　　　　　　一九二五年六月十七日

给亡妇 / 朱自清

> 无论日子怎么坏,无论是离是合,你从来没对我发过脾气,连一句怨言也没有。——别说怨我,就是怨命也没有过。

谦,日子真快,一眨眼你已经死了三个年头了。这三年里世事不知变化了多少回,但你未必注意这些个,我知道。你第一惦记的是你几个孩子,第二便轮着我。孩子和我平分你的世界,你在日如此;你死后若还有知,想来还如此的。告诉你,我夏天回家来着:迈儿长得结实极了,比我高一个头。闰儿父亲说是最乖,可是没有先前胖了。采芷和转子都好。五儿全家夸她长得好看;却在腿上生了湿疮,整天坐在竹床上不能下来,看了怪可怜的。六儿,我怎么说好,你明白,你临终时也和母亲谈过,这孩子是只可以养着玩儿的,他左挨右挨去年春天,到底没有挨过去。

这孩子生了几个月，你的肺病就重起来了。我劝你少亲近他，只监督着老妈子照管就行。你总是忍不住，一会儿提，一会儿抱的。可是你病中为他操的那一份儿心也够瞧的。那一个夏天他病的时候多，你成天儿忙着，汤呀，药呀，冷呀，暖呀，连觉也没有好好儿睡过。那①里有一分一毫想着你自己。瞧着他硬朗点儿你就乐，干枯的笑容在黄蜡般的脸上，我只有暗中叹气而已。

从来想不到做母亲的要像你这样。从迈儿起，你总是自己喂乳，一连四个都这样。你起初不知道按钟点儿喂，后来知道了，却又弄不惯；孩子们每夜里几次将你哭醒了，特别是闷热的夏季。我瞧你的觉老没睡足。白天里还得做菜，照料孩子，很少得空儿。你的身子本来坏，四个孩子就累你七八年。到了第五个，你自己实在不成了，又没乳，只好自己喂奶粉，另雇老妈子专管她。但孩子跟老妈子睡，你就没有放过心；夜里一听见哭，就竖起耳朵听，工夫一大就得过去看。十六年初，和你到北京来，将迈儿，转子留在家里；三年多还不能去接他们，可真把你惦记苦了。你并不常提，我却明白。你后来说你的病就是惦记出来的；那个自然也有份儿，不过大半还是养育孩子累的。你的短短的十二年结婚生活，有十一年耗费在孩子们身上；而你一点不厌倦，有多少力量用多少，一直到自己毁灭为止。你对孩子一般儿爱，不问男的女的，大的小的。也不想到什么"养

---

① 今作"哪"。——编者注

儿防老，积谷防饥"，只拼命地爱去。你对于教育老实说有些外行，孩子们只要吃得好玩得好就成了。这也难怪你，你自己便是这样长大的。况且孩子们原都还小，吃和玩本来也要紧的。你病重的时候最放不下的还是孩子。病的只剩皮包着骨头了，总不信自己不会好；老说："我死了，这一大群孩子可苦了。"后来说送你回家，你想着可以看见迈儿和转子，也愿意；你万不想到会一走不返的。我送车的时候，你忍不住哭了，说："还不知能不能再见？"可怜，你的心我知道，你满想着好好儿带着六个孩子回来见我的。谦，你那时一定这样想，一定的。

老早就觉得隔了一层似的。出嫁后第一年你虽还一心一意依恋着他老人家，到第二年上我和孩子可就将你的心占住，你再没有多少工夫惦记他了。你还记得第一年我在北京，你在家里。家里来信说你待不住，常回娘家去。我动气了，马上写信责备你。你教人写了一封覆信，说家里有事，不能不回去。这是你第一次也可以说第末次的抗议，我从此就没给你写信。暑假时带了一肚子主意回去，但见了面，看你一脸笑，也就拉倒了。打这时候起，你渐渐从你父亲的怀里跑到我这儿。你换了金镯子帮助我的学费，叫我以后还你；但直到你死，我没有还你。你在我家受了许多气，又因为我家的缘故受你家里的气，你都忍着。这全为的是我，我知道。那回我从家乡一个中学半途辞职出走。家里人讽你也走。哪里走！只得硬着头皮往你家去。那时你家像个冰窖子，你们在窖里足足住了三个月。好容易我才将你们领出来了,一同上外省去。小家庭这样组织起来了。你虽不是什么阔小姐,可也是自小娇生惯养的,做起主妇来,什么都得干一两手;你居然做下去了,而且高高兴兴地做下去了。菜照例满是你做,可是吃的都是我们;你至多夹上两三筷子就算了。你的菜做得不坏,有一位老在行大大地夸奖过你。你洗衣服也不错,夏天我的绸大褂大概总是你亲自动手。你在家老不乐意闲着;坐前几个"月子",老是四五点就起床,说是躺着家里事没条没理的。其实你起来也还不是没条理;咱们家那么多孩子,哪儿来条理?在浙江住的时候,逃过两回兵难,我都在北平。真亏你领着母亲和一群孩子东藏西躲的;末一回还要走多少里路,翻一道大岭。这两回差不多只靠你一个人。你不但带了母亲和孩子们,还带了我一箱箱的书;你知道我是最爱书的。在短短的十二年里,你操的心比人家一辈子还多;谦,你那样身子怎么经得住!你将我的责任一股脑儿担负了去,压死了你;我如何对得起你!

你为我的劳什子书也费了不少神;第一回让你父亲的男佣人从家乡捎到上海去。他说了几句闲话,你气得在你父亲面前哭了。第二回是带着逃难,别人都说你傻子。你有你的想头:"没有书怎么教书?况且他又爱这个玩意儿。"其实你没有晓得,那些书丢了也并不可惜;不过教你怎么晓得,我平常从来没和你谈过这些个!总而言之,你的心是可感谢的。这十二年里你为我吃的苦真不少,可是没有过几天好日子。我们在一起住,算来也还不到五个年头。无论日子怎么坏,无论是离是合,你从来没对我发过脾气,连一句怨言也没有。——别说怨我,就是怨命也没有过。老实说,我的脾气可不大好,迁怒的事儿有的是。那些时候你往往抽噎着流眼泪,从不回嘴,也不号啕。不过我也只信得过你一个人,有些话我只和你一个人说,因为世界上只你一个人真关心我,真同情我。你不但为我吃苦,更为我分苦;我之有我现在的精神,大半是你给我培养着的。这些年来我很少生病。但我最不耐烦生病,生了病就呻吟不绝,闹那伺候病的人。你是领教过一回的,那回只一两点钟,可是也够麻烦了。你常生病,却总不开口,挣扎着起来;一来怕搅我,二来怕没人做你那份儿事。我有一个坏脾气,怕听人生病,也是真的。后来你天天发烧,自己还以为南方带来的疟疾,一直瞒着我。明明躺着,听见我的脚步,一骨碌就坐起来。我渐渐有些奇怪,让大夫一瞧,这可糟了,你的一个肺已烂了一个大窟窿了!大夫劝你到西山去静养,你丢不下孩子,又舍不得钱;劝你在家里躺着,你也丢不下那份儿家务。越看越不行了,这才送你回去。明知凶多吉少,想不到只一个月工夫你就完了!本来盼望还见得着你,这一来可拉倒了。你也何尝想到这个?父亲告诉我,你回家独住着一所小住宅,还嫌没有客厅,怕我回去不便哪。

  前年夏天回家,上你坟上去了。你睡在祖父母的下首,想来还不孤单的。只是当年祖父母的坟太小了,你正睡在圹底下。这叫做"抗圹",在生人看来是不安心的;等着想办法哪。那时圹上圹下密密地长着青草,朝露浸湿了我的布鞋。你刚埋了半年多,只有圹下多出一块土,别的全然看不出新坟的样子。我和隐今夏回去,本想到你的坟上来;因为她病了没来成。我们想告诉你,五个孩子都好,我们一定尽心教养他们,让他们对得起死了的母亲——你!谦,好好儿放心安睡吧,你。

1932年10月11日作

作者简介

朱自清(1898—1948),原名朱自华,字佩弦,江苏扬州人。现代杰出的散文家、诗人、学者、民主战士。代表作有《春》《绿》《背影》《荷塘月色》《匆匆》等。

唁辞 / 周作人

> 然而在死者纵使真是安乐,在生人总是悲痛。我们哀悼死者,并不一定是在体察他灭亡之苦痛与悲哀,实在多是引动追怀,痛切地发生今昔存殁之感。

昨日傍晚,妻得到孔德学校的陶先生的电话,只是一句话,说:"齐可死了——"齐可是那边的十年级学生,听说因患胆石症(?)往协和医院乞治,后来因为待遇不亲切,改进德国医院,于昨日施行手术,遂不复醒。她既是校中的高年级生,又天性豪爽而亲切,我家的三个小孩初上学校,都很受她的照管,好像是大姊一样,这回突然死别,孩子们虽然惊骇,却还不能了解失却他们老朋友的悲哀,但是妻因为时常往学校也和她很熟,昨日闻信后为茫然久之,一夜都睡不着觉,这实在是无怪的。

死总是很可悲的事，特别是青年男女的死，虽然死的悲痛不属于死者而在于生人。照常识看来，死是还了自然的债，与生产同样地严肃而平凡，我们对于死者所应表示的是一种敬意，犹如我们对于走到标杆下的竞走者，无论他是第一者或是中途跌过几跤而最终走到。在中国现在这样的状况之下，"死之赞美者"（Peisithanatos）的话未必全无意义，那么"年华虽短而忧患亦少"也可以说是好事，即使尚未能及未见日光者的幸福。然而在死者纵使真是安乐，在生人总是悲痛。我们哀悼死者，并不一定是在体察他灭亡之苦痛与悲哀，实在多是引动追怀，痛切地发生今昔存殁之感。无论怎样地相信神灭，或是厌世，这种感伤恐终不易摆脱。日本诗人小林一茶在《俺的春天》里记他的女儿聪女之死，有这几句：

……她遂于六月二十一日与蕣华同谢此世。母亲抱着死儿的脸荷荷地大哭，这也是难怪的了。到了此刻，虽然明知逝水不归，落花不再返枝，但无论怎样达观，终于难以断念的，正是这恩爱的羁绊。

【诗曰：】
露水的世呀，
虽然是露水的世，
虽然是如此。

虽然是露水的世，然而自有露水的世的回忆，所以仍多哀感。美忒林克在《青鸟》上有一句平庸的警句曰"死者生存在活人的记忆上"。齐女士在世十九年，在家庭学校，亲族友朋之间，当然留下许多不可磨灭的印象，随在足以引起悲哀，我们体念这些人的心情，实在不胜同情，虽然别无劝慰的话可说。死本是无善恶的，但是它加害于生人者却非浅鲜，也就不能不说它是恶的了。

我不知道人有没有灵魂，而且恐怕以后也永不会知道，但我对于希冀死后生活之心情觉得很能了解。人在死后倘尚有灵魂的存在如生前一般，虽然推想起来也不免有些困难不易解决，但因此不特可以消除灭亡之恐怖，即所谓恩爱的羁绊也可得到适当的安慰。人有什么不能满足的愿望。辄无意地投影于仪式或神话之上，正如表示在梦中一样。传说上李夫人杨贵妃的故事，民俗上童男女死后被召为天帝侍者的信仰，都是无聊之极思，却也是真的人情之美的表现：我们知道这是迷信，我确信这样虚幻的迷信里也自有美与善的分子存在。这于死者的家人亲友是怎样好的一种慰藉，倘若他们相信——只要能够相信。百岁之后，或者乃至梦中夜里，仍得与已死的亲爱者相聚，相见！然而，可惜我们不相应地受到了科学的灌洗，既失却先人可祝福的愚蒙，又没有养成画廊派哲人（stoics）的超绝的坚忍，其结果是恰如牙根里露出的神经，因了冷风热气随时益增其痛楚。对于幻灭的现代人之遭逢不幸，我们于此更不得不特别表示同情之意。

  我们小女儿若子生病的时候,齐女士很惦念她;现在若子已经好起来,还没有到学校去和老朋友一见面,她自己却已不见了。日后若子回忆起来时,也当永远是一件遗恨的事吧。

十四年五月二十六日夜

作者简介

  周作人(1885—1967)浙江绍兴人。中国现代著名散文家、文学理论家、评论家、诗人、翻译家,中国民俗学开拓人,新文化运动的杰出代表。作品有散文集《自己的园地》《雨天的书》《谈虎集》《永日集》《看云集》《夜读抄》《苦茶随笔》《风雨谈》《瓜豆集》《秉烛谈》《苦口甘口》《过去的工作》《知堂文集》,诗集《过去的生命》,小说集《孤儿记》,论文集《艺术与生活》《中国新文学的源流》,论著《欧洲文学史》,文学史料集《鲁迅的故乡》《鲁迅小说里的人物》《鲁迅的青年时代》,回忆录《知堂回想录》,译有《伊索寓言》《欧里庇得斯悲剧集》等。

我的祖母之死 / 徐志摩

> 人生自生至死，如勃兰恩德的比喻，真是大队的旅客在不尽的沙漠中进行，只要良心有个安顿，到夜里你卧倒在帐幕里也就不怕噩梦来缠绕。

一

一个单纯的孩子，

过他快活的时光，

兴匆匆的，活泼泼的，

何尝识别生存与死亡？

  这四行诗是英国诗人华兹华斯（William Wordsworth）一首有名的小诗叫做"我们是七人"（We are Seven）的开端，

也就是他的全诗的主意。这位爱自然，爱儿童的诗人，有一次碰着一个八岁的小女孩，发卷蓬松的可爱，他问她兄弟姊妹共有几人，她说我们是七个，两个在城里，两个在外国，还有一个姊妹一个哥哥，在她家里附近教堂的墓园里埋着。但她小孩的心理，却不分清生与死的界限，她每晚携着她的干点心与小盘皿，到那墓园的草地里，独自地吃，独自地唱，唱给她的在土堆里眠着的兄姊听，虽则他们静悄悄的莫有回响，她烂漫的童心却不曾感到生死间有不可思议的阻隔；所以任凭华翁多方的譬解，她只是睁着一双灵动的小眼，回答说：

"可是，先生，我们还是七人。"

二

其实华翁自己的童真，也不让那小女孩的完全，他曾经说："在孩童时期，我不能相信我自己有一天也会得悄悄地躺在坟里，我的骸骨会得变成尘土。"又一次他对人说，"我做孩子时最想不通的，是死的这回事将来也会得轮到我自己身上。"

孩子们天生是好奇的，他们要知道猫儿为什么要吃耗子，小弟弟从哪里变出来的，或是究竟先有鸡还是先有鸡蛋；但人生最重大的变端——死的现象与实在，他们也只能含糊地看过，我们不能期望一个个小孩子们都是搔头穷思的丹麦王子。他们临到丧故，往往跟着大人啼哭；但他只要眼泪一干，就会到院子里踢毽子，赶蝴蝶，就使在屋子里长眠不醒了的是他们的亲爹或亲娘，大哥或小妹，我们也不能盼望悼死的悲哀可以完全翳蚀了他们稚羊小狗似的欢欣。你如其对孩子说，你妈死了，你知道不知道——他十次里有九次只是对着你发呆；但他等到要妈叫妈，妈偏不应的时候，他的嫩颊上就会有热泪流下。但小孩天然的一种表情，往往可以给人们最深的感动。我生平最忘不了的一次电影，就是描写一个小孩爱恋已死母亲的种种天真的情景。她在园里看种花，园丁告诉她这花在泥里，浇下水去，就会长大起来。那天晚上天下大雨，她睡在床上，被雨声惊醒了，忽然想起园丁的话，她的小脑筋里就发生了绝妙的主意。她偷偷地爬出了床，走下楼梯，到书房里去拿下桌上供着的她死母的照片，一把揣在怀里，也不顾倾倒着的大雨，一直走到园里，在地上用园丁的小锄掘松了泥土，把她怀里的亲妈，谨慎地取了出来，栽在泥里，把松泥掩护着；她做完了工就蹲在那里守候——一个三四岁的女孩，穿着白色的睡衣，在深夜的暴雨里，蹲在露天的地上，专心笃意地盼望已经死去的亲娘，像花草一般，从泥土里发长出来！

三

我初次遭逢亲属的大故，是二十年前我祖父的死，那时我还不满六岁。那是我生平第一次可怕的经验，但我追想当时的心理，我对于死的见解也不见得比华翁的那位小姑娘高明。我记得那天夜里，家里人吩咐祖父病重，他们今夜不睡了，但叫我和我的姊妹先上楼睡去，回头要我们时他们会来叫的。我们就上楼去睡了，底下就是祖父的卧房，我那时也不十分明白，只知道今夜一定有很怕的事，有火烧、强盗抢、做怕梦，一样的可怕。我也不十分睡着，只听得楼下的急步声、碗碟声、唤婢仆声、隐隐的哭泣声，不息的响音。过了半夜，他们上来把我从睡梦里抱了下去，我醒过来只听得一片的哭声，他们已经把长条香点起来，一屋子的烟，一屋子的人，围拢在床前，哭的哭，喊的喊，我也捱了过去，在人丛里偷看大床里的好祖父。忽然听说醒了醒了，哭喊声也歇了，我看见父亲爬在床里，把病父抱持在怀里，祖父倚在他的身上，双眼紧闭着，口里衔着一块黑色的药物。他说话了，很轻的声音，虽则我不曾听明他说的什么话，后来知道他经过了一阵昏晕，他又醒了过来对家人说："你们吃吓了，这算是小死。"他接着又说了好几句话，随讲音随低，呼气随微，去了，再不醒了，但我却不曾亲见最后的弥留，也许是我记不起，总之我那时早已跪在地板上，手里擎着香，跟着大众高声地哭喊了。

四

此后我在亲戚家收殓虽则看得不少，但死的实在的状况却不曾见过。我们念书人的幻想力是比较的丰富,但往往因为有了幻想力,就不管生命现象的实在,结果是书呆子,陆放翁说的"百无一用是书生"。人生的范围是无穷的:我们少年时精力充足什么都不怕尝试,只愁没有出奇的事情做,往往抱怨这宇宙太窄,青天太低,大鹏似的翅膀飞不痛快,但是……但是平心地说,且不论奇的、怪的、特别的、离奇的,我们姑且试问人生里最基本的事实,最单纯的、最普遍的、最平庸的、最近人情的经验,我们究竟能有多少的把握,我们能有多少深彻的了解,我们是否都亲身经历过?譬如说:生产、恋爱、痛苦、悲、死、妒、恨、快乐、真疲倦、真饥饿、渴、毒焰似的渴、真的幸福、冻的刑罚、忏悔、种种的情热。我可以说,我们平常人生观、人类、人道、人情、真理、哲理、本能等等名词不离口吻的念书人们,什么文学家,什么哲学家——关于真正人生基本的事实的实在,知道的——恐怕是极微至鲜,即使不等于圆圈。我有一个朋友,他和他夫人的感情极厚,一次他夫人临到难产,因为在外国,所以进医院什么都得他自己照料,最后医生宣言只有用手术一法,但性命不能担保,他没有法子,只好和他半死的夫人诀别(解剖时亲属不准在旁的)。满心毒魔似的难受,他出了医院,走在道上,走上桥去,像得了离魂病似的,心脉春臼似的跳着,最后他听着了教堂和缓的钟声,他就不自主的跟着钟声,进了教堂,跟着在做礼拜的跪着、祷告、忏悔、祈求、唱诗、流泪(他并不是信教的人),他这样的捱过时刻,后来回转医院时,一步步都是惨酷的磨难,比上行刑场的犯人,加倍的难受,他怕见医生与看护妇,仿佛他的命运是在他们的手掌里握着。事后他对人说:"我这才知道了人生一点子的意味!"

五

所以不曾经历过精神或心灵的大变的人们,只是在生命的户外徘徊,也许偶尔猜想到几分墙内的动静,但总是浮的浅的,不切实的,甚至完全是隔膜的。人生也许是个空虚的幻梦,但在这幻象中,生与死,恋爱与痛苦,毕竟是陡起的奇峰,应得激动我们彷徨者的注意,在此中也许有可以感悟到一些幻里的真,虚中的实,这浮动的水泡不曾破裂以前,也应得饱吸自由的日光,反射几丝颜色!

我是一只不羁的野驹,我往往纵容想象的猖狂,诡辩人生的现实;比如凭借凹折的玻璃,觉察当前景色。但时而复再,我也能从烦嚣的杂响中听出清新的乐调,在眩耀的杂彩里,看出有条理的意匠。这次祖母的大故,老家庭的生活,给我不少静定的时刻,不少深刻的反省。我不敢说我因此感悟了部分的真理,或是取得了若干的智慧;我只能说我因此与实际生活更深了一层的接触,益发激动我对于人生种种好奇的探讨,益发使我惊讶这迷谜的玄妙,不但死是神奇的现象,不但生命与呼吸是神奇的现象，就连日常的生活与习惯与迷信，也好像放射着异样的光闪，不容我们擅用一两个形容词来概状，更不容我们昌言什么主义来抹煞——一个革新者的热心，碰着了实在的寒冰！

六

我在我的日记里翻出一封不曾写完不曾付寄的信，是我祖母死后第二天的早上写的。我那时在极强烈的极鲜明的时刻内，很想把那几日经过、感想与疑问，痛快地写给一个同情的好友，使他在数千里外也能分尝我强烈的鲜明的感情。那位同情的好友我选中了通伯①。但那封信却只起了一个呆重的头，一为丧中忙，二为我那时眼热不耐用心，始终不曾写就，一直挨到现在再想补写，恐怕强烈已经变弱，鲜明已经透暗，逃亡的囚逋，不易追获的了。我现在把那封残信录在这里，再来追摹当时的情景。

通伯：

> 我的祖母死了！从昨夜十时半起，直到现在，满屋子只是号啕呼抢的悲音，与和尚道士女僧的礼忏鼓磬声。二十年前祖父丧时的情景，如今又在眼前了。

---

① 通伯，即陈源（西滢），字通伯。1924年曾与徐志摩等人创办《现代评论》周刊。——编者注

忘不了的情景！你愿否听我讲些？

我一路回家，怕的是也许已经见不到老人，但老人却在生死的交关仿佛存心的弥留着，等待她最钟爱的孙儿——即不能与他开言诀别，也使他尚能把握她依然温暖的手掌，抚摩她依然跳动着的胸怀，凝视她依然能自开自阖虽则不再能表情的目睛。她的病是脑充血的一种，中医称为"卒中"（最难救的中风）。她十日前在暗房里踬仆倒地，从此不再开口出言，登仙似的结束了她八十四年的长寿，六十年良妻与贤母的辛勤，她现在已经永远地脱辞了烦恼的人间，还归她清净自在的来处。我们承受她一生的厚爱与荫泽的儿孙，此时亲见，将来追念，她最后的神化，不能自禁中怀的摧痛，热泪暴雨似的盆涌，然痛心中却亦隐有无穷的赞美，热泪中依稀想见她功成德备的微笑，无形中似有不朽的灵光，永远地临照她绵衍的后裔……

七

旧历的乞巧那一天，我们一大群快活的游踪，驴子灰的黄的白的，轿子四个脚夫抬的，正在山海关外，纡回的，曲折的绕登角山的栖贤寺，面对着残圮的长城，巨虫似的爬山越岭，隐入烟霭的迷茫。那晚回北戴河海滨住处，已经半夜，我们还打算天亮四点钟上莲峰山去看日出,我已经快上床,忽然想起了,出去问有信没有,听差递给我一封电报,家里来的四等电报。我就知道不妙,果然是"祖母病危速回"!我当晚就收拾行装,赶早上六时车到天津,晚上才上津浦快车。正嫌路远车慢,半路又为水发冲坏了轨道过不去,一停就停了十二点钟有余,在车里多过了一夜,直到第三天的中午方才过江上沪宁车。这趟车如其准点到上海,刚好可以接上沪杭的夜车,谁知道又误了点,误了不多不少的一分钟,一面我们的车进站,他们的车头呜的一声叫,别断别断的去了!我若然是空身子,还可以冒险跳车,偏偏我的一双手又被行李雇定了,所以只得定着眼睛送它走。

所以直到八月二十二日的中午我方才到家。我给通伯的信说"怕是已经见不着老人",在路上那几天真是难受,缩不短的距离没有法子,但是那急人的水发,急人的火车,几面凑拢来,叫我整整的迟一昼夜到家!试想病危了的八十四岁的老人,这二十四点钟不是容易过的,说不定她刚巧在这个期间内有什么动静,那才叫人抱憾哩!但是结果还算没有多大的差池——她老人家还在生死的交关等着!

八

奶奶——奶奶——奶奶!奶——奶!你的孙儿回来了,奶奶！没有回音。老太太阖着眼，仰面躺在床里，右手拿着一把半旧的雕翎扇很自在地扇动着。老太太原来就怕热，每年暑天总是扇子不离手的，那几天又是特别的热。这还不是好好的老太太，呼吸顶匀净的，定是睡着了，谁说危险！奶奶，奶奶！她把扇子放下了，伸手去摸着头顶上挂着的冰袋，一把抓得紧紧的，呼了一口长气，像是暑天赶道儿的喝了一碗凉汤似的，这不是她明明的有感觉不是？我把她的手拿在我的手里，她似乎感觉我手心的热，可是她也让我握着，她开眼了！右眼张得比左眼开些，瞳子却是发呆，我拿手指在她的眼前一挑，她也没有瞬，那准是她瞧不见了——奶奶，奶奶，——她也真没有听见，难道她真是病了，真是危险，这样爱我疼我宠我的好祖母，难道真会得……我心里一阵的难受，鼻子里一阵的酸，滚热的眼泪就迸了出来。这时候床前已经挤满了人，我的这位，我的那位，我一眼看过去，只见一片惨白忧愁的面色，一双双装满了泪珠的眼眶。我的妈更看的憔悴。她们已经伺候了六天六夜，妈对我讲祖母这回不幸的情形，怎样的她夜饭前还在大厅上吩咐事情，怎样的饭后进房去自己擦脸，不知怎样的闪了下去，外面人听着响声才进去，已经是不能开口了，怎样的请医生，一直到现在还没有转机……

　　一个人到了天伦骨肉的中间，整套的思想情绪，就变换了式样与颜色。你的不自然的口音与语法没有用了；你的耀眼的袍服可以不必穿了；你的洁白的天使的翅膀，预备飞翔出人间到天堂的,不便在你的慈母跟前自由的开豁;你的理想的楼台亭阁,也不轻易地放进这二百年的老屋;你的佩剑、要塞以及种种的防御,在争竞的外界即使是必要的,到此只是可笑的累赘。在这里,不比在其余的地方,他们所要求于你的,只是随熟的声音与笑貌,只是好的,纯粹的本性,只是一个没有斑点子的赤裸裸的好心。在这些纯爱的骨肉的经纬中心,不由得你不从你的天性里抽出最柔糯亦最有力的几缕丝线来加密或是缝补这幅天伦的结构。

所以我那时坐在祖母的床边,含着两朵热泪,听母亲叙述她的病况,我脑中发生了异常的感想,我像是至少逃回了二十年的光阴,正如我膝前子侄辈一般的高矮,回复了一片纯朴的童真,早上走来祖母的床前,揭开帐子叫一声软和的奶奶,她也回叫了我一声,伸手到里床去摸给我一个蜜枣或是三片状元糕,我又叫了一声奶奶,出去玩了,那是如何可爱的辰光,如何可爱的天真,但如今没有了,再也不回来了。现在床里躺着的,还不是我的亲爱的祖母,十个月前我伴着到普陀登山拜佛清健的祖母,但现在何以不再答应我的呼唤,何以不再能表情,不再能说话,她的灵性哪里去了,她的灵性哪里去了?

九

一天,一天,又是一天——在垂危的病榻前过的时刻,不比平常飞驶无碍的光阴，时钟上同样的一声的嗒，直接地打在你的焦急的心里，给你一种模糊的隐痛——祖母还是照样的眠着，右手的脉自从起病以来已是极微仅有的，但不能动弹的却反是有脉的左侧，右手还是不时在挥扇，但她的呼吸还是一例的平匀，面容虽不免瘦削，光泽依然不减，并没有显著的衰象，所以我们在旁边看她的，差不多每分钟都盼望她从这长期的睡眠中醒来，打一个呵欠，就开眼见人，开口说话——果然她醒了过来，我们也不会觉得离奇，像是原来应当似的。但这究竟是我们亲人绝望中的盼望，实际上所有的医生，中医、西医、针医，都已一致的回绝，说这是"不治之症"。中医说这脉象是凭证，西医说脑壳里血管破裂，虽则植物性机能——呼吸、消化——不曾停止，但言语中枢已经断绝——此外更专门更玄学更科学的理论我也记不得了。所以暂时不变的原因，就在老太太本来的体元太好了，拳术家说的"一时不能散工"，并不是病有转机的兆头。

　　我们自己人也何尝不明白这是个绝症；但我们却总不忍自认是绝望：这"不忍"便是人情。我有时在病榻前，在凄悒的静默中，发生了重大的疑问。科学家说人的意识与灵感，只是神经系最高的作用，这复杂，微妙的机械，只要部分有了损伤或是停顿，全体的动作便发生相当的影响；如其最重要的部分受了扰乱，他不是变成反常的疯癫，便是完全的失去意识。照这一说，体即是用，离了体即没有用；灵魂是宗教家的大谎，人的身体一死什么都完了。这是最干脆不过的说法，我们活着时有这样有那样已经尽够麻烦，尽够受，谁还有兴致，谁还愿意到坟墓的那一边再去发生关系，地狱也许是黑暗的，天堂是光明的，但光明与黑暗的区别无非是人类专擅的假定，我们只要摆脱这皮囊，还归我清静，我就不愿意头戴一个黄色的空圈子，合着手掌跪在云端里受罪！

再回到事实上来，我的祖母——一位神智最清明的老太太——究竟在哪里？我既然不能断定因为神经部分的震裂，她的灵感性便永远的消减，但同时她又分明的失却了表情的能力，我只能设想她人格的自觉性，也许比平时消淡了不少，却依旧是在着，像在梦魇里将醒未醒时似的，明知她的儿女孙曾不住地叫唤她醒来，明知她即使要永别也总还有多少的嘱咐，但是可怜她的睛球再不能反映外界的印象，她的声带与口舌再不能表达她内心的情意，隔着这脆弱的肉体的关系，她的性灵再不能与他最亲的骨肉自由地交通——也许她也在整天整夜的伴着我们焦急，伴着我们伤心，伴着我们出泪，这才是可怜，这才真叫人悲戚哩！

十

到了八月二十七那天，离她起病的第十一天，医生吩咐脉象大大的变了，叫我们当心，这十一天内每天她只咽入很困难的几滴稀薄的米汤，现在她的面上的光泽也不如早几天了，她的目眶更陷落了，她的口部的筋肉也更宽弛了，她右手的动作也减少了，即使拿起了扇子也不再能很自然地扇动了——她的大限的确已经到了。但是到晚饭后，反是没有什么显象。同时一家人着了忙，准备寿衣的、准备冥银的、准备香灯等等的。我从里走出外，又从外走进里，只见匆忙的脚步与严肃的面容。这时病人的大动脉已经微细的不可辨，虽则呼吸还不至怎样的急促。这时一门的骨肉已经齐集在病房里，等候那不可避免的时刻。到了十时光景，我和我的父亲正坐在房的那一头一张床上，忽然听得一个哭叫的声音说——"大家快来看呀，老太太的眼睛张大了！"这尖锐的喊声，仿佛是一大桶的冰水浇在我的身上，我所有的毛管一齐竖了起来，我们踉跄地奔到了床前，挤进了人丛。果然，老太太的眼睛张大了，张得很大了！这是我一生从不曾见过，也是我一辈子忘不了的眼见的神奇（恕罪我的描写！）不但是两眼，面容也是绝对的神变了（Transfig-ured），她原来皱缩的面上，发出一种鲜润的彩泽，仿佛半淤的血脉，又一度充满了生命的精液，她的口，她的两颊，也都回复了异样的丰润；同时她的呼吸渐渐地上升，急进的短促，现在已经几乎脱离了气管，只在鼻孔里脆响地呼出了。但是最神奇不过的是一双眼睛！她的瞳孔早已失去了收敛性，呆顿地放大了。但是最后那几秒钟！不但眼眶是充分的张开了，不但黑白分明，瞳孔锐利地紧敛了，并且放射着一种不可形容，不可信的辉光，我只能称他为"生命最集中的灵光"！这时候床前只是一片的哭声，子媳唤着娘，孙子唤着祖母，婢仆争喊着老太太，几个稚龄的曾孙，也跟着狂叫太太……但老太太最后的开眼，仿佛是与她亲爱的骨肉，作无言的诀别，我们都在号泣的送终，她也安慰了，她放心地去了。在几秒时内，死的黑影已经移上了老人的面部，遏灭了生命的异彩，她最后的呼气，正似水泡破裂，电光沓灭，菩提的一响，生命呼出了窍，什么都止息了。

十一

我满心充塞了死象的神奇，同时又须顾管我有病的母亲，她那时出性的号啕，在地板上滚着，我自己反而哭不出来；我自己也觉得奇怪，眼看着一家长幼的涕泪滂沱，耳听着狂涕似的呼抢号叫，我不但不发生同情的反应，却反而达到了一个超感情的，静定的，幽妙的意境，我想象的看见祖母脱离了躯壳与人间，穿着雪白的长袍，冉冉地上升天去，我只想默默地跪在尘埃，赞美她一生的功德，赞美她一生的圆寂。这是我的设想！我们内地人却没有这样纯粹的宗教思想；他们的假定是不论死的是高年厚德的老人或是无知无愆的幼孩，或是罪大恶极的凶人，临到弥留的时刻总是一例的有无常鬼、摸壁鬼、牛头马面、赤发獠牙的阴差等等到门，拿着镣链枷锁，来捉拿阴魂到案。所以烧纸帛是平他们的暴戾，最后的呼抢是没奈何的诀别。这也许是大部分临死时实在的情景，但我们却不能概定所有的灵魂都不免遭受这样的凌辱。譬如我们的祖老太太的死,我只能想象她是登天,只能想象她慈祥的神化——像那样鼎沸的号啕,固然是至性不能自禁,但我总以为不如匍伏隐泣或祷默,较为近情,较为合理。

理智发达了,感情便失了自然的浓挚;厌世主义的看来,眼泪与笑声一样是空虚的,无意义的。但厌世主义姑且不论,我却不相信理智的发达,会得妨碍天然的情感;如其教育真有效力,我以为效力就在剥削了不合理性的"感情作用",但决不会有损真纯的感情;他眼泪也许比一般人流得少些,但他等到流泪的时候,他的泪才是应流的泪。我也是智识愈开流泪愈少的一个人,但这一次却也真的哭了好几次。一次是伴我的姑母哭的,她为产后不曾复元,所以祖母的病一直瞒着她,一直到了祖母故后的早上方才通知她。她扶病来了,她还不曾下轿,我已经听出她在啜泣,我一时感觉一阵的悲伤,等到她出轿放声时,我也在房中嘘唏不住。又一次是伴祖母当年的赠嫁婢哭的。她比祖母小十一岁,今年七十三岁,亦已是个白发的婆子,她也来哭她的"小姐",她是见着我祖母的花烛的唯一个人,她的一哭我也哭了。

再有是伴我的父亲哭的。我总是觉得一个身体伟大的人,他动情感的时候,动人的力量也比平常人伟大些。我见了我父亲哭泣,我就忍不住要伴着淌泪。但是感动我最强烈的几次,是他一人倒在床里,反复地啜泣着,叫着妈,像一个小孩似的,我就感到最热烈的伤感,在他伟大的心胸里浪涛似的起伏,我就感到母子的感情的确是一切感情的起原与总结,等到一失慈爱的荫蔽,仿佛一生的事业顿时莫有了根柢,所有的快乐都不能填平这唯一的缺陷;所以他这一哭,我也真哭了。

但是我的祖母果真是死了吗?她的躯体是的。但她是不死的。诗人勃兰恩德①(Bryant)说:

> So live, that when thy summons comes to join the innumerable caravan which moves to that my sterious realm where each one takes his chamber in the silent halls of death, then go not, like the quarry slave at night scourged to his dungeon, but sustained and soothed.
>
> By an unfaltering truth, approach thy grave like one that wraps the draperly or his couch, about him, and lies down to pleasant dreams.

如果我们的生前是尽责任的,是无愧的,我们就会安坦地走进我们的坟墓,我们的灵魂里不会有惭愧或悔恨的啮痕。人生自生至死,如勃兰恩德的比喻,真是大队的旅客在不尽的沙漠中进行,只要良心有个安顿,到夜里你卧倒在帐幕里也就不怕噩梦来缠绕。

我的祖母,在那旧式的环境里,到我们家来五十九年,真

---

① 勃兰恩德,通译布赖恩特(1794—1878),美国诗人。——编者注

像是做了长期的苦工,她何尝有一日的安闲,不必说子女的嫁娶,就是一家的柴米油盐,扫地抹桌,哪一件事不在八十岁老人早晚的心上!我的伯父快近六十岁了,但他的起居饮食,还差不多完全是祖母经管的;初出世的曾孙如其有些身热咳嗽,老太太晚上就睡不安稳;她爱我宠我的深情,更不是文字所能描写;她那深厚的慈荫,真是无所不包,无所不蔽。但她的身心即使劳碌了一生,她的报酬却在灵魂无上的平安;她的安慰就在她的儿女孙曾,只要我们能够步她的前例,各尽天定的责任,她在冥冥中也就永远地微笑了。

十一月二十四日